A CHEGADA DOS ROBÔS

UM GUIA DE SOBREVIVÊNCIA PARA OS SERES HUMANOS SE BENEFICIAREM NA ERA DA AUTOMAÇÃO

John
PUGLIANO

A CHEGADA DOS ROBÔS

UM GUIA DE SOBREVIVÊNCIA PARA OS SERES HUMANOS SE BENEFICIAREM NA ERA DA AUTOMAÇÃO

Tradução:
Soraya Borges de Freitas

MADRAS®

Publicado originalmente em inglês sob o título *The Robots Are Coming: A Human's Survival Guide to Profiting in the Age of Automation* por Ulysses Press.
© 2017, John Pugliano, texto.
© 2017, Ulysses Press e seus licenciadores, design e conceito.
Todos os direitos reservados.
Direitos de edição e tradução para o Brasil.
Tradução autorizada do inglês.
© 2017, Madras Editora Ltda.

Editor:
Wagner Veneziani Costa

Produção e Capa:
Equipe Técnica Madras

Tradução:
Soraya Borges de Freitas

Revisão da Tradução:
Fulvio Lubisco

Revisão:
Ana Paula Luccisano
Silvia Massimini Felix

Dados Internacionais de Catalogação na Publicação (CIP)
(Câmara Brasileira do Livro, SP, Brasil)

Pugliano, John
A chegada dos robôs : um guia de sobrevivênciapara os seres humanos se beneficiarem na era da automação / John Pugliano ; tradução Soraya Borges de Freitas. -- São Paulo : Madras Editora, 2017.
Título original: The robots are coming : a human's survival guide to profiting in the age of automation
ISBN: 978-85-370-1098-3

1. Automação - Aspectos econômicos
2. Inovação tecnológica 3. Robôs 4. Robôs - História
5. Robótica- Fatores humanos I. Título.

17-07611   CDD-629.892

Índices para catálogo sistemático:
1. Robôs : Engenharia de automação : Tecnologia
629.892

É proibida a reprodução total ou parcial desta obra, de qualquer forma ou por qualquer meio eletrônico, mecânico, inclusive por meio de processos xerográficos, incluindo ainda o uso da internet, sem a permissão expressa da Madras Editora, na pessoa de seu editor (Lei nº 9.610, de 19/2/1998).

Todos os direitos desta edição, em língua portuguesa, reservados pela

MADRAS EDITORA LTDA.
Rua Paulo Gonçalves, 88 – Santana
CEP: 02403-020 – São Paulo/SP
Caixa Postal: 12183 – CEP: 02013-970
Tel.: (11) 2281-5555 – Fax: (11) 2959-3090
www.madras.com.br

DEDICATÓRIA

Este livro é dedicado aos meus avós paternos, Antonio e Maria, que nasceram em uma remota vila italiana no início da década de 1880. Eles conseguiram sair de uma pobreza quase medieval graças às maravilhosas inovações tecnológicas do século XX. Que todos nós possamos ter vidas longas e fascinantes.

Nota do Editor

A Madras Editora não participa, endossa ou tem qualquer autoridade ou responsabilidade no que diz respeito a transações particulares de negócio entre o autor e o público.

Quaisquer referências de internet contidas neste trabalho são as atuais, no momento de sua publicação, mas o editor não pode garantir que a localização específica será mantida.

Nota aos leitores: Este livro foi escrito e publicado de forma independente e não defende nem sugere qualquer endosso, filiação ou patrocínio das marcas ou outros produtos mencionados nele. Todas as marcas que aparecerem neste livro pertencem aos seus respectivos donos e são usadas aqui a título de informação. O autor e o editor internacional estimulam os leitores a favorecer as marcas de qualidade mencionadas neste livro.

ÍNDICE

Introdução..11

Parte 1: Humanidade..17

Capítulo 1:
Pense Como um Ser Humano...............................19

Capítulo 2:
A Ameaça da Automação.....................................37

Capítulo 3:
Capacitando os Deficientes.................................55

Capítulo 4:
Procure Educação Prática....................................65

Capítulo 5:
Transforme o Conhecimento em Sabedoria.......75

Capítulo 6:
Como Desenvolver seu Toque Humano...............87

Parte 2: Empreendedorismo.....................................97

Capítulo 7:
Pense como um Empresário.................................99

Capítulo 8:
A Vantagem Criativa..113

Capítulo 9:

Uma Cartilha Econômica 123

Capítulo 10:

Como Monetizar seu Toque Humano.................................131

Capítulo 11:

Oportunidades Profissionais do Futuro 139

Parte 3: Poupança...151

Capítulo 12:

Pense Como um Poupador..153

Capítulo 13:

Imóveis 163

Capítulo 14:

Instrumentos de Dívida (Títulos)..175

Parte 4: Investimento...181

Capítulo 15:

Pense Como um Investidor...183

Capítulo 16:

Commodities 193

Capítulo 17:

Propriedade da Empresa (Ações e ETFs) 203

Conclusão: A Chegada dos Robôs..217

Índice Remissivo 221

INTRODUÇÃO

Se você for como a maioria dos leitores, pode dar uma olhadinha nesta introdução ou então ignorá-la. Este livro é único e o aconselho a ler a introdução. *A Chegada dos Robôs* não é uma previsão de eventos futuros, nem tampouco uma análise do impacto da automação em nossas vidas. O livro foi escrito para servir de guia ou de manual. É um documento interativo com instruções implementáveis preparadas para ajudá-lo a sobreviver e a prosperar na turbulenta época robótica que teremos pela frente. Os tópicos serão discutidos singularmente da perspectiva do emprego, além de levarmos em conta preocupações econômicas e de investimento.

A melhor forma de usar este livro requer sua participação ativa. Ao longo do texto, apresento Planos de Ação que o ajudarão a formular seu próprio plano de sobrevivência. O processo exposto neste livro foi delineado para ser iterativo, em vez de uma leitura rápida e simplesmente informativa. Não tenha pressa ao ler o conteúdo, reflita sobre suas implicações em sua situação pessoal e, então, tome as medidas necessárias para se preparar para o impacto de um mundo automatizado. Leia o livro novamente, reconsidere sempre que for necessário.

Profissionais, Prestem Atenção!

Alguns acreditam incorretamente que a automação terá um impacto negativo de forma desproporcional para os empregados da classe operária. A premissa deste livro é de que, durante as últimas gerações, esses empregos de mão de obra intensiva para operários de indústrias já terão sido substituídos pela automação. A verdadeira mordida da próxima rodada de automação será sentida pelos funcionários executivos, outrora isolados, tais como os profissionais de gestão intermediária, de carreira jurídica e os médicos.

Trabalhadores com uma renda maior, que se beneficiaram com as eficiências da era da informação, logo encontrarão seus serviços em concorrência direta com a próxima onda da tecnologia. Grandes dados, algoritmos avançados, sensores caros e a robótica convergirão para lidar com os trabalhos lucrativos do setor administrativo. Qualquer função profissional que seja rotineira e previsível será alvo de melhoria na eficiência da automação. A automação substituirá agressivamente o trabalho de profissionais com altos salários, pois a reposição da mão de obra humana, nesses empregos, proporcionará um maior retorno sobre o investimento. Sim, os dispositivos que vierem a proporcionar redução da mão de obra substituirão os empregados de lanchonetes e de restaurantes; e os negociadores da sociedade que conseguirem reduções em seus orçamentos investirão nas tecnologias que tornarão redundantes as altíssimos remunerações dos profissionais da medicina.

Nada de Bola de Cristal

Não podemos prever o futuro. O melhor que podemos esperar é antecipá-lo para então nos adaptarmos e superá-lo. Neste livro, usei referências históricas como base para avaliar resultados futuros. Não se sabe ao certo quais tecnologias serão desenvolvidas e com que rapidez a sociedade as adotará. A lógica indica que as taxas de desenvolvimento e de adoção continuarão aumentando, como acontece desde a Revolução Industrial. Portanto, o impacto virá antes do esperado.

Algumas suposições sobre o futuro devem ser consideradas como a base para formular um ponto de partida. No entanto, o objetivo deste livro não é prever quais tecnologias prevalecerão. O valor do esclarecimento deste texto é ajudá-lo a desenvolver estratégias de sobrevivência para as mudanças econômicas inevitáveis promovidas pela automação, independentemente da tecnologia específica empregada.

Embora tecnologias futuras sejam discutidas neste livro, sua ênfase é na humanidade e não na máquina. Pois apesar de não podermos prever o futuro, podemos presumir com alguma certeza as ações das

INTRODUÇÃO

13

pessoas. Características humanas como o amor, o ódio, o medo e a cobiça não parecem ser influenciadas pela mudança tecnológica. Desse modo, exploraremos o que descobri ser a constante histórica e a solução futura: sua exclusiva humanidade ou o toque humano.

Como Usar Este Livro

Este livro é composto de quatro partes, cada uma iniciando com um capítulo que o desafia com uma instrução cognitiva:

- Pense como um ser humano e não como uma máquina.
- Pense como um empresário e não como um funcionário.
- Pense como um poupador e não como um consumista.
- Pense como um investidor e não como um especulador.

Cada capítulo termina com um Plano de Ação para auxiliá-lo a considerar como a automação pode ser uma ameaça e dar respostas sobre como lidar com ela. Use esses exercícios para ajudá-lo a pensar em termos econômicos em vez de emocionais. A realidade econômica da revolução da automação futura é que os robôs estão vindo para ocupar seu emprego. Afinal, esse fato não será alterado por uma resposta emocional, por uma medida política ou pela negociação com sindicatos. Se você quiser continuar competitivo diante da automação, não será apenas pela produtividade. O desempenho de um ser humano não pode ser melhor do que o de um robô em uma tarefa repetitiva. O robô acabará vencendo.

Seu diferencial competitivo deve ser direcionado a um nicho econômico que se baseie em seu toque humano. Use os Planos de Ação como um modelo para alinhar as necessidades realistas do mercado com seus talentos exclusivos. Por necessidade, os exercícios são de natureza genérica, com questões abertas que podem ser aplicadas não só a uma grande audiência, como também a um carpinteiro ou a um cardiologista.

Essencialmente, o leitor é responsável por se aprofundar até a especificidade, pois é assim que o mundo real funciona. Não há respostas prontas. Quanto mais dificuldade você tiver para responder e adaptar as perguntas do Plano de Ação à sua própria conjuntura, mais provavelmente encontrará uma solução viável para seu lugar exclusivo no futuro robótico. Seu lugar no futuro só poderá ser determinado por você. Não posso saber o que é certo para você, ninguém pode. É uma jornada pessoal de sua responsabilidade. Como autor, só posso servir de guia e estimulá-lo a pensar por si mesmo. É para isso que servem as quatro instruções cognitivas no início de cada seção.

Corpo de Descoberta

Esse foi o nome oficial da Expedição de Lewis e Clark, em 1804, a respeito da qual você provavelmente já ouviu falar. Lewis e Clark foram encarregados pelo presidente Thomas Jefferson a explorar o recém-adquirido território da Louisiana. O objetivo principal era localizar um rio navegável cruzando o continente até o Oceano Pacífico.

Acredite se quiser, mas essa expedição é especialmente relevante para nossa jornada rumo ao desconhecido futuro robótico por três motivos.

Primeiro: Lewis e Clark não tinham um mapa específico para orientá-los. A crença, na época, era de que o Rio Mississippi cobrisse a lacuna continental até a costa do Pacífico, mas ninguém sabia ao certo. Como a Expedição não tinha um mapa para orientá-los, eles só podiam seguir um curso geral e torcer pelo melhor. Para aumentar as possibilidades de sucesso, eles se prepararam para a viagem desenvolvendo habilidades úteis: navegação, técnicas de sobrevivência na mata, remédios e métodos de descobertas científicas. Da mesma forma, você deve preparar-se para seu curso inexplorado no futuro colocando-se em uma direção geral, acompanhado de habilidades essenciais e úteis.

Segundo, o objetivo da expedição era comercial. Hoje, nós idealizamos Lewis e Clark como exploradores glamorosos e reconhecemos suas muitas descobertas científicas, mas Jefferson encarregou o Corpo especificamente para encontrar maneiras de explorar a região de modo comercial. Essa jornada também devia incluir o objetivo, de longo prazo, de acumular riquezas, daí a ênfase deste livro em questões econômicas e de investimento.

Terceiro, a expedição foi agraciada com boa sorte. Além da preparação e da habilidade dos homens, a boa sorte desempenhou um papel decisivo. Mais estranho do que a ficção, o envolvimento de

INTRODUÇÃO

Sacagawea é o de uma heroína de contos de fadas. Ela juntou-se ao Corpo como companheira grávida de um caçador francês. Ela havia sido raptada quando criança, vendida como escrava e acabou tornando-se a "esposa" adolescente de Charbonneau, o caçador francês. Lewis e Clark consideraram sua habilidade como intérprete, entre muitas outras coisas, essencial à expedição.

Seu sucesso será determinado, em grande parte, por seu nível de preparação e habilidades pessoais. Independentemente de sua preparação e esforços, a sorte costuma desempenhar um importante papel em qualquer jornada. Transitar pelo futuro robótico não será uma exceção. No entanto, se você estiver preparado para alavancar suas habilidades e compreender o que está em jogo, conseguirá reconhecer sua Sacagawea quando ela aparecer em sua história.

Assim como Lewis e Clark, você está embarcando em sua própria jornada de descoberta. Use este livro como um guia para ajudá-lo a prever tendências futuras e adotar tecnologias inovadoras que complementem seus talentos. Empregue esforços para completar os Planos de Ação e use-os como modelos para traçar estrategicamente suas atividades. Não tenha medo de pensar de maneira diferente. Na verdade, é assim que você saberá que está indo na direção certa. A não conformidade o levará a pensar como um ser humano, um empresário, um poupador e um investidor. Seu futuro será moldado por seus pensamentos.

Parte I
Humanidade

Capítulo 1

PENSE COMO UM SER HUMANO

Você deve conhecer esta citação apócrifa atribuída a Henry Ford: "Se eu tivesse perguntado às pessoas o que elas queriam, elas teriam dito cavalos mais rápidos". A essência dessa frase é que o progresso não é originado pelo consumidor, mas pelo inovador. Uma linha de raciocínio semelhante pode ser aplicada à luta contra a perda inevitável de empregos para a automação robótica.

Se você fosse perguntar a um empresário o que ele gostaria de um funcionário, ele diria algo do tipo: "mais rápido, mais barato, mais produtivo". Entretanto, esse não é um conjunto de habilidades atribuído prontamente aos seres humanos. As pessoas ficam cansadas, entediadas, desatentas, emotivas e, às vezes, exibem um comportamento autodestrutivo ou antissocial. As máquinas não têm nenhum desses defeitos, elas apenas executam comandos. Se você fosse um recrutador, quem contrataria?

Não Dá para Derrotar um Robô em Tarefas Repetitivas

Antes da década de 1990, as montadoras de automóveis empregavam milhares de trabalhadores habilidosos, como pintores e soldadores. Hoje essas tarefas na linha de montagem são feitas quase exclusivamente por robôs. A habilidade humana não conseguiu competir com a precisão de um robô industrial.

A mudança não aconteceu do dia para a noite. Houve oposição por parte dos sindicatos trabalhistas além da perspectiva da globalização, com empresas oferecendo salários mais baixos em países estrangeiros. Portanto, a princípio os trabalhadores entraram em greve e os empregos migraram para o exterior. Por fim, os robôs prevaleceram por causa da economia básica: suas habilidades aumentaram e seu custo diminuiu. É importante lembrar que um robô não precisa ser uma máquina física, mas qualquer coisa que automatize uma tarefa.

Podemos tirar várias lições da adoção da automação industrial. Primeiro, um ser humano não consegue ser mais produtivo do que um robô em uma tarefa repetitiva. Ponto. Não importa qual seja a tarefa. Obviamente, tarefas simples são mais fáceis de automatizar do que aquelas mais complexas. Mas à medida que diminui o custo do poder da computação, uma tarefa mais complexa pode ser reduzida a um algoritmo matemático.

Considere o antigo jogo de xadrez. Cada partida deve, provavelmente, ter mais de 1.050 possíveis jogadas. Jogadores humanos habilidosos são raros. Em termos globais, há apenas 1.500 jogadores de xadrez vivos que conquistaram o título de Grão-Mestre.

Em 1997, o primeiro computador conseguiu derrotar um campeão mundial em um torneio reconhecido oficialmente. O programa rodava no supercomputador da IBM, Deep Blue. Em 2005, uma potência de computação comparável foi disponibilizada para computadores pessoais. Hoje, programas semelhantes podem rodar em smartphones.

A Ameaça aos Empregos Administrativos

A segunda lição que pode ser aprendida com a automação industrial não é tão óbvia quanto a primeira: a automação não substitui a tarefa mais simples, mas, por outro lado, é um compromisso entre complexidade e custo. Voltando à linha de montagem automotiva, os pintores e os soldadores eram trabalhadores *habilidosos*. Teria sido muito mais fácil e mais barato construir um robô para aparafusar porcas em uma roda em vez de desenvolver sistemas para substituir um pintor ou soldador habilidoso. Entretanto, foi precisamente esse trabalhador habilidoso o afetado em nome da economia de custos. A produtividade é melhorada substituindo um empregado hábil altamente remunerado por um trabalhador da linha de montagem. O total dos custos operacionais de produtos deve ser rejeitado ou refeito em razão da má qualidade. Pinturas malfeitas ou juntas mal soldadas são muito mais caras do que um parafuso mal rosqueado. Substituir um trabalhador habilidoso por um robô de precisão é vantajoso para o empregador por diminuir os custos operacionais e melhorar a qualidade.

Artífices habilidosos e profissionais administrativos não estão imunes à demissão. Muito pelo contrário, assalariados com uma renda mais elevada que realizam tarefas repetitivas são as vítimas mais prováveis da automação.

Extinção da Gerência Intermediária

Se eu tivesse de indicar uma carreira que seria a mais afetada pela automação, seria o proverbial "gerente intermediário". Pode não ser muito óbvio, mas essa profissão está em uma espiral negativa há décadas. Até este momento, seu declínio ocorreu à velocidade de uma geleira. Seu último capítulo será encerrado rápida e definitivamente, como uma avalanche. O motivo é óbvio: a função de um gerente intermediário é complexa, mas extremamente rotineira. Softwares empresariais reduzem o papel do gerente de nível médio desde o final do século XX. Pense no sucesso de empresas como Oracle, SAP e Salesforce. Os gerentes intermediários de empresas constantes da lista Fortune 500 que implementaram tão diligentemente esses programas treinaram seus próprios substitutos. Um lucro enorme inesperado ocorrerá ao eliminar a hierarquia intermediária dos empregos de gestão administrativa quando suficientes dados históricos forem coletados e correlacionados a fim de serem totalmente operacionais por meio de um software empresarial.

Então, Estamos Todos Perdidos?

Se um gerente intermediário com MBA não está seguro no emprego, que possibilidades você tem? Mais do que imagina, desde que comece a pensar como um ser humano e não como uma máquina. Um robô é a proverbial "peça essencial da engrenagem". Ele realiza a tarefa para a qual foi programado para fazer. Nada, além disso. Como ser humano, você tem discernimento e criatividade exclusivos que não podem ser programados, porque não existem até você criá-los. O ponto-chave é o elemento humano da criatividade, mas falaremos mais sobre isso nos próximos capítulos.

O que os Radioamadores e os Cães-d'Água Portugueses Têm em Comum?

Há muitos mais deles agora do que em qualquer momento na história.

A lógica é desafiada quando as pessoas querem usar uma tecnologia de comunicação arcaica ou quando moradores urbanos desejam ter em suas casas cães pesqueiros, grandes e peludos. A questão é que os seres humanos não são lógicos nem agem de uma forma que possa ser prevista por modelos lineares. A proliferação de smartphones e o protocolo de telefonia vocal pela internet (Voip) não eliminaram métodos como o código Morse. Muito pelo contrário. A internet e os sistemas de comunicação digital e por satélite melhoraram a experiência do radioamadorismo. O hobby nunca foi tão popular. O mesmo conceito aplica-se aos cães-d'água portugueses e outros cães de trabalho, como os pastores. Esses cães foram criados durante séculos com o propósito específico de ajudar os pescadores na costa de Portugal. Hoje em dia, eles são estimados por sua lealdade, companhia e por seu pelo hipoalergênico. O presidente Obama tinha dois deles na Casa Branca. Ele não precisava de um cão para pescar, mas suas filhas quiseram um (ou dois).

Os americanos gastam quase 60 bilhões de dólares por ano com seus bichos de estimação. Na maioria dos casos, a propriedade é puramente não utilitária. Os cães não são usados para efeito de segurança ou pastoreio, e os gatos não são utilizados para controle de pragas urbanas. As pessoas apenas amam seus bichinhos e os consideram membros da família. Isso não é racional, em um sentido econômico. Contudo, é uma caractería humana que ressoa desde nossa história primordial. É um traço que jamais pode ser capturado por um algoritmo ou imitado por um robô.

Portanto, não se desespere, há um futuro brilhante para aqueles que melhoram e monetizam seus exclusivos traços humanos.

A seguir, uma lista dos atributos mais relevantes necessários para a economia do futuro.

Características para a Economia do Futuro

Aqui, meu foco é nas características ou atributos e não nas funções ou habilidades profissionais específicas por vários motivos. Um trabalhador da indústria gráfica, empregado na década de 1950, teria muito poucas oportunidades de emprego porque essa indústria tornou-se obsoleta com o advento da tecnologia digital. No entanto, esse profissional pode ter desenvolvido características mistas que ainda têm valor na economia do futuro. Da mesma forma, a velocidade na datilografia de uma funcionária de escritório da década de 1960 não é muito relevante atualmente, mas seriam importantes suas características de organização e de comunicação.

Os seguintes traços são bem descritivos. "Elétrico", por exemplo, descreve uma qualidade profissional que será muito útil na economia do futuro, mas é ampla o suficiente para abranger uma grande variedade de carreiras: engenheiro elétrico, técnico em eletrônica, eletricista, fabricante autodidata e até cargos que ainda nem sequer existem.

Aqui, as principais características são seguidas por traços secundários. Isso é importante, pois, embora todas tenham valor, algumas não conseguem ficar sozinhas. Na verdade, todas as características serão mais eficazes quando combinadas com outras. Por exemplo: Elon Musk é fundador, ao mesmo tempo, de Tesla, SolarCity e SpaceX. Um empresário desse porte decerto não tem apenas uma dimensão vocacional. Muito provavelmente ele tem as seguintes características pessoais: raciocínio digital, aptidão para a mecânica, conhecimento de eletricidade, competência, organização, coragem, etc. Musk é um mestre de muitas características, por isso ele é bilionário. A princípio, você pode identificar apenas uma característica principal e uma secundária de suporte relativas a você. Tudo bem! O importante é começar.

Características Principais

Raciocínio Digital

O raciocínio digital é um traço de personalidade que vai além do campo tradicional da ciência da computação. Sim, envolve programação, software e hardware, mas também engloba uma forma diferente de pensar. O raciocínio digital é o domínio dos "uns" e dos "zeros", do "on" ou do "off". A lógica fundamentada nas regras está na base do raciocínio digital: se a = b e b = c, então a = c. Isso permite que a realidade finita seja expressa e imitada em termos quase infinitos. Da inteligência artificial à realidade virtual, o raciocínio digital será o alicerce de todas as ações futuras. Ele é o catalisador que transformará o atual e limitado mundo analógico na abundância perpétua do amanhã.

Aptidão para Mecânica

A aptidão para a mecânica será crucial pelo simples fato de que uma proliferação de robôs significará muitas partes móveis. O ciclo de vida robótico demandará cuidado por parte do ser humano quanto ao projeto, à instalação, à manutenção, reprogramação, à desativação e ao descarte. Os robôs farão a maior parte do trabalho, mas nunca ficarão completamente independentes da supervisão humana.

Conhecimento de Eletricidade

O conhecimento de eletricidade acompanhará a aptidão para a mecânica. Como as funções eletrônicas têm uma confiabilidade maior do que as funções mecânicas, as exigências de manutenção não serão tão grandes. A maior parte do trabalho elétrico acontecerá durante os estágios iniciais da fabricação, montagem e instalação. A boa notícia para as pessoas que possuem conhecimentos de eletricidade é que os componentes eletrônicos estarão literalmente onipresentes. Quase todos os dispositivos concebíveis estarão acoplados à internet. Sua taxa de defeito será baixa, mas eles estarão em todo lugar, de forma que, pelo ponto de vista de volume, esses mecanismos serão uma grande porcentagem da economia.

Especialidade em Biologia

Os avanços na genética e na bioquímica revolucionaram o campo da biologia tradicional. Para os interessados nas ciências da vida, as oportunidades serão abundantes. No entanto, esse atributo, mais do que outros atributos principais, exigirá uma abordagem interdisciplinar. Para destravar o potencial no campo biológico, as habilidades nos campos digital, mecânico ou elétrico serão uma combinação de sucesso. Pense em tecnologias como a engenharia genética, próteses, implantes, biônica, ciborgues, viagem espacial. As possibilidades são infinitas.

Características de Suporte

Bondade

A bondade pode parecer irrelevante em um mundo automatizado; no entanto, acredito que ela será uma característica muito exigida. Em um mundo no qual as pessoas têm a escolha de selecionar a interação humana em detrimento dos processos automatizados, a interação será mais valiosa e, portanto, deverá ser, no mínimo, prazerosa. Suponhamos que você precise renovar sua carteira de motorista. O que você preferiria? Lidar com um funcionário grosso do Departamento de Trânsito ou realizar o procedimento on-line? Ou então, hipoteticamente, se você fosse vítima de um crime, preferiria preencher um boletim de ocorrência on-line ou ter seu depoimento ouvido por um policial atencioso? A economia do futuro dará aos consumidores uma profusão de produtos de baixo custo, mas acho que a bondade humana continuará sendo um recurso escasso.

Competência

Em um mundo de precisão robótica, a incompetência não será tolerada. Seja qual for o cargo, o padrão vital será o de concluir a tarefa adequadamente. Haverá muito trabalho para médicos, professores e encanadores *competentes*. *Data Mining* (mineração de dados), computação em nuvem e o *feedback* das mídias sociais criticarão na hora o desempenho de cada um e de todos. Isso já está acontecendo. Durante 20 anos de viagens a trabalho, tive más experiências com serviços medíocres e caros de taxistas em todo o mundo. À exceção de Hong Kong, eu descreveria categoricamente a indústria de táxis consistindo em veículos velhos e sujos, e em motoristas incompetentes. Em anos recentes, tive uma experiência totalmente oposta com a Uber. Antes de entrar em um carro deles, com o uso de um simples aplicativo grátis para smartphone, posso prever toda a experiência do percurso. Sei quem é o motorista, sua avaliação, o tipo de seu veículo, o preço, o tempo de espera, o trajeto e o tempo até o destino. A Uber é competente; e sempre que tenho a oportunidade, esse é o serviço que contrato.

Habilidades de Comunicação

A habilidade de se comunicar sempre foi e sempre será uma função essencial para o sucesso. Pense nela em um sentido mais amplo, transmitindo informações precisas em duas direções. Um ciclo de comunicação completo consiste na transmissão para um público-alvo e a recepção de volta para a realização de um ciclo comunicativo. A comunicação é complexa, ela vai desde a linguagem e a cultura humanas até o diálogo com computadores e robôs. A melhor prática geral para o sucesso é a de primeiro selecionar sua principal área de interesse (digamos, conhecimento elétrico ou pensador digital) para então desenvolver uma especialidade em comunicação personalizada para o público-alvo principal. O plano de comunicação pode exigir o aprendizado de uma linguagem de programação, um idioma estrangeiro ou talvez aprender a se comunicar com crianças. Tudo depende da necessidade de seu público-alvo. A economia do futuro precisará de profissionais de marketing com muita "lábia", assim como profissionais viciados em tecnologia que falem a linguagem das máquinas.

Habilidades Artísticas

A importância da arte pode parecer um tanto ilógica na era da automação, pois arte é emoção pura falando ao ser humano e não à máquina. Na verdade, a arte permanece relevante pelo simples fato de ser um contrapeso emocional ao mundo estéril da tecnologia. Ela está intimamente relacionada à comunicação, além da possibilidade de a arte ser um subconjunto dela. Portanto, pense nas características artísticas em termos da comunicação em nível emocional usando os sentidos da visão, do tato, da audição, do olfato e do paladar. É difícil ter sucesso com base apenas nas habilidades artísticas (você já deve ter ouvido falar do "artista morto de fome"), portanto, tente incorporar a arte em outras características como o pensamento digital ou o conhecimento elétrico.

Organização

A organização é um requisito na edificação de qualquer empreendimento, desde o estabelecimento de uma carreira até o lançamento de uma marca multinacional; a organização é necessária para pessoas de todos os níveis, do presidente de uma empresa até o assistente de cozinha de um restaurante. A organização fica evidente quando decisões lógicas baseiam-se em fatos confiáveis. Requer disciplina e objetividade não emotiva e, por isso, é muito difícil para a maioria das pessoas. A característica organizacional é especialmente poderosa quando ela for combinada com sucesso com um traço contrário, como o artístico ou o do visionário.

Visão

Até certo ponto, o visionário é o oposto do organizado. Um visionário não ignora os fatos estabelecidos, mas ele realmente olha com otimismo além do limitado horizonte atual para o que será possível em um futuro próximo. O sucesso progressivo pode ocorrer sem um pensamento visionário, mas o crescimento exponencial explosivo só pode acontecer com esse tipo de pensamento. Os tempos incertos próximos vindouros darão ao visionário uma oportunidade ilimitada.

Coragem

A habilidade em determinar o risco e aceitar suas consequências é uma das características mais raras. Embora um alto nível de tolerância ao risco sempre tenha sido benéfico, creio que ele se tornará ainda mais importante durante as épocas turbulentas na economia futura. Os corajosos estarão mais propensos a logo adotar a tecnologia e a reagir contra as alterações de condições. Não é coincidência de os empresários terem um nível elevado de tolerância ao risco. Um aviso: uma característica secundária nunca deve ser usada como principal; isso é particularmente importante quando se lida com o traço da coragem. As ações que se baseiam principalmente em uma tolerância elevada ao risco desviam-se logo do racional para o especulativo.

Harmonização das Características

Pense nas características como notas musicais. Misture-as para adaptá-las a seu estilo particular. O som e o ritmo que lhe agradam podem ser barulho para outras pessoas. O importante é que ele seja verdadeiro para você.

Você também verá que a proficiência em uma característica provavelmente estimulará o interesse em outra, levando-o a um talento ou a um interesse outrora desconhecido. Isso é semelhante à forma como um aluno de música aprende primeiro a tocar piano antes de passar para outros instrumentos e, finalmente, descobrir que sua paixão é a guitarra. Desenvolver progressivamente traços múltiplos é como alguém se torna um intelectual como Elon Musk, Thomas Edison ou Benjamin Franklin.

Como regra geral, quanto mais características você incorporar em seu repertório, mais opções profissionais terá. Mas você não quer buscar um traço de personalidade indiscriminadamente se sentir que ele não seja próprio para suas habilidades inatas. A aptidão para a mecânica não o beneficiará se você não souber qual ponta de uma chave de fenda usar. Eu, por exemplo, não tenho nenhum senso de direção. Seria bobagem para mim buscar uma carreira como navegador apenas por ser um trabalho bem remunerado. Mesmo que conseguisse encontrar emprego como navegador, eu nunca conseguiria ser melhor do que quase competente. Imagine a frustração de ir para o trabalho todos os dias sabendo que seu melhor esforço resultou em resultados medíocres. Tenho certeza de que você conheceu muitas pessoas que buscaram uma carreira visando àquela de maior remuneração ou porque seus pais acharam que fosse uma boa ideia. Essas são as pessoas mais tristes.

No mínimo, tente identificar um atributo principal. As quatro categorias devem ser amplas o bastante para que a maioria das pessoas possa encontrar pelo menos um vislumbre de interesse. A importância desses quatro atributos específicos é que eles desempenharão um

PENSE COMO UM SER HUMANO

29

papel crucial na economia robótica do futuro. É claro que haverá outros, mas esses quatro serão o caminho de menor resistência.

Da mesma forma, seria possível construir uma carreira com base em um dos atributos de suporte, só que não será tão fácil. Por exemplo, muitas pessoas tentam ganhar a vida como artistas (pintores, músicos, escultores, comediantes... a lista é infinita). Mas apenas uma mínima porcentagem dos autoproclamados artistas consegue viver apenas de sua arte. A maioria consegue grande parte de sua renda de outra fonte, como professor, barman, etc. Sua falta de sucesso não se deve à falta de talento. Está mais relacionada ao fato de que o traço artístico é de natureza secundária e apenas não oferece potencial de renda suficiente. O mesmo vale para outros traços secundários. É difícil ganhar a vida se sua função principal for apenas ser gentil ou corajoso. A gentileza é uma virtude nobre, só não é um atributo rentável por si só.

Por outro lado, alguém que consiga combinar múltiplos atributos principais e secundários aumentará muito as chances de seu sucesso. O presidente de uma empresa de alta tecnologia provavelmente terá pelo menos um atributo principal e vários secundários, como pensamento digital, organização, visão, habilidades de comunicação, competência ou coragem.

Uma enfermeira bem-sucedida pode ter os seguintes atributos: habilidade em biologia, organização, competência e bondade.

Pensamento com Base em Atributos

A automação sempre terá um melhor desempenho do que um ser humano em tarefas repetitivas lógicas. A boa notícia para a raça humana é que nós vivemos em um mundo ilógico e imprevisível. Aqueles que se focam no desenvolvimento de suas exclusivas habilidades humanas pessoais vencerão, enquanto os que tentam competir com robôs serão considerados dispensáveis. O conceito-chave é *pensar como um ser humano e não como uma máquina.*

Esse conceito pode ser estranho porque aprendemos desde a infância a sermos lógicos e a nos enquadrarmos; as instituições (empresas, exército e universidades) gostam de enquadrar. As faculdades de administração e os departamentos de engenharia promovem a padronização. A padronização em si não é mais eficaz do que o acaso, no entanto, os padrões podem ser medidos. Por isso, as instituições seguem o caminho da menor resistência implementando padrões para prever resultados futuros.

Um dos motivos para eu prever o fim do gerente intermediário é que grande parte de sua responsabilidade é administrar o *status quo*, o que pode ser reduzido a um algoritmo e executado por um sistema informático de suporte à decisão. Busque por vagas de gerente e você encontrará termos como supervisionar, implementar, comunicar, treinar e negociar. Um codificador de nível médio poderia facilmente criar um aplicativo para realizar essas funções. Os atributos empresariais, como visão, aversão a riscos e criatividade, estão ausentes. Quando foi a última vez que você ouviu falar de uma vaga de gerente intermediário ser preenchida por um sujeito imprudente com uma descrição profissional incluindo "agitar as coisas"? Nunca.

Albert Einstein disse: "Nós não podemos resolver nossos problemas com o mesmo pensamento que tivemos quando os criamos". Da mesma forma, não podemos levar a melhor sobre a automação pensando como um robô. Nós conseguiremos pensando como os seres que somos: humanos criativos.

Inovadores Incomuns

Empreendimentos inovadores não acontecem com uma melhoria incrementada nas margens. O desenvolvimento marginal, função na qual os robôs serão excelentes (menor tamanho, mais rapidez, mais leveza), será o domínio da automação. Para os humanos vencerem, eles terão de competir em um plano diferente. Há 50 anos, os escritórios de arquitetura tinham desenhistas para converter as ideias dos arquitetos no papel. Há muito tempo, eles foram substituídos pelo software CAD/CAM. Os arquitetos ainda existem porque sua função é criar.

A criatividade não é racional. Ela não deriva da razão ou da lógica, mas da emoção. É a confluência do hemisfério esquerdo do cérebro, o racional, e do hemisfério direito, o emocional. Procure na história exemplos de avanços que anteciparam uma nova era tecnológica. Em sua grande maioria, os inovadores eram visionários que usaram mais o hemisfério direito, e não os teóricos que utilizaram mais o hemisfério esquerdo do cérebro.

Ulysses S. Grant

A Guerra Civil Americana marcou a transição do conflito por meio da cavalaria provincial para a indústria de armas mecanizadas. Em 1863, o presidente Lincoln estava frustrado com seu Estado-Maior por causa de sua falta de habilidade no combate contra o obstinado exército sulista. Os melhores generais do Norte não conseguiam vencer as táticas dos sulistas, sob o comando do general Robert E. Lee. Lee foi um dos melhores alunos da Academia de West Point. Então, depois de todas as tentativas convencionais fracassarem, quem Lincoln escolheu para derrotar Lee? Ulysses S. Grant, que se graduou como um dos piores de sua turma, na mesma West Point. Grant era um administrador tão ruim que foi expulso da corporação de oficiais depois de uma década de serviço. Mas foi Grant quem virou o jogo contra o Sul. A vitória aconteceu 14 meses depois de Grant ser nomeado general-chefe das Forças Armadas.

As vitórias nas batalhas de Grant ocorreram porque, ao contrário de seus colegas, ele ignorou as táticas de combate ensinadas em West Point. A estratégia de guerra convencional da época ensinava um combate em formação de regimentos de força bruta como aquele usado por Napoleão na Europa. Grant se concentrou em ganhar pequenas escaramuças com velocidade e agilidade. Para conseguir isso, ele adotou imediatamente as novas e emergentes tecnologias da época: o telégrafo e as ferrovias. Grant foi um líder inovador.

Henry Ford

No início do século XX, o automóvel era uma novidade. Até o carro ser introduzido, a locomotiva a vapor era o meio de transporte mais arrojado. Precisou-se da visão do peculiar Henry Ford para dar origem a uma nova indústria. (Observação histórica: Ford nasceu na época em que Grant derrotava Lee.) Ford foi um engenheiro autodidata que gostava de mexer com mecânica. Ele foi um funcionário de baixo escalão até seus 30 anos e tinha 45 quando o Modelo T foi lançado. Ele foi um visionário, mas não necessariamente o que poderia ser classificado como pensador holístico. Assim como muitos inventores, ele muitas vezes ignorava os detalhes do presente porque seu foco estava no futuro de sua criação. Em 1896, quando construiu seu primeiro veículo movido a gasolina, o carro era grande demais para passar pela porta da garagem.

Steve Wozniak e Steve Jobs

Na última metade do século XX, o computador pessoal era uma novidade. A computação comercial e de pesquisas era dominada por grandes corporações, como a IBM. Foram Steve Wozniak e Steve Jobs, dois visionários que abandonaram a faculdade, que criaram a Apple Computer. (Nota: Wozniak nasceu três anos depois da morte de Ford.) Wozniak era engenheiro eletrônico autodidata e Jobs era o gênio de pensamento avançado. Jobs foi um personagem tão controverso que, em 1985, ele foi demitido da empresa que fundara.

Tecnicamente, Jobs não foi demitido. Ele saiu depois de o conselho administrativo tirar sua autoridade nas decisões. Em vez de permanecer como representante, ele se demitiu em protesto. O confronto de Jobs com o conselho administrativo era sobre uma visão de longo prazo contra os lucros de curto prazo. Jobs queria gastar dinheiro desenvolvendo e comercializando o conceito Macintosh, enquanto o conselho queria promover o lucrativo Apple II. O Apple II era uma ferramenta poderosa de nicho de computação com grande aceitabilidade do mercado, enquanto o Macintosh era visto como um "brinquedo". Jobs não quis acordo. Ele gastou grandes somas desenvolvendo o Macintosh e selecionou uma equipe de marketing com talentos "não convencionais". Em vez de confiar apenas em funcionários técnicos, a equipe de marketing incluía um grupo eclético de artistas, músicos e poetas.

Uma década depois de sua saída, o ineficaz e atrapalhado conselho administrativo da Apple o recontratou para liderar uma virada. Jobs assumiu a posição e não apenas reinventou a Apple, mas também indústrias inteiras: computador, software, telefone, produtos eletrônicos para o consumidor e música, para citar algumas. Jobs foi um diretor executivo inovador.

Os exemplos anteriores não são exclusivos. Personagens não convencionais sempre surgem durante momentos de transformação de época. Para você sobreviver e progredir durante a revolução robótica, também deverá ser incomum. Os robôs são uma peça da engrenagem. Para manter sua relevância na era da automação, você deverá ser o inventor da roda.

Lei de Say

Quer você seja um empresário ou um empregado que trabalha para alguém, deve produzir mais valor do que um robô ou será substituído pela automação. Antes de discutirmos o processo criativo de agregar valor com produtos e serviços, vamos começar definindo um princípio econômico que a maioria desconhece.

As pessoas, principalmente funcionários, acham difícil entender a fonte da criação de patrimônio. Os funcionários querem um aumento porque o custo de vida está subindo, os empregadores dão aumentos para recompensar ganhos na produtividade. Em outras palavras, você quer um aumento porque seu aluguel subiu e seu empregador lhe dará um aumento de 1 dólar por hora se seus esforços criarem, para a empresa, um lucro adicional de 10 dólares por hora.

E então, de que forma *você* constrói um patrimônio? Não é tão direto como alguém pensaria, do contrário mais pessoas seriam ricas. Considere o princípio econômico de oferta e demanda de um ponto de vista elementar. Se você cria uma oferta de produtos que estão em demanda, gerará riqueza. Muitos pensam assim, mas não o empresário.

Este é um conceito importante, porque se focar na demanda sempre favorece o robô. Os seres humanos sempre perderão para a automação. O ser humano ganha quando cria um novo suprimento/ oferta para satisfazer uma demanda antes desconhecida.

Parece o inverso? Para a maioria das pessoas, sim, parece. É por isso que elas não estão aumentando seu patrimônio líquido, continuando a focar-se no desenvolvimento de habilidades erradas que servem para competir com a automação.

Antes de passarmos para o processo criativo, você deve entender primeiro o princípio da Lei de Say, que diz: "A produção é a fonte da demanda".

O quê? Como você pode ter produção sem demanda? Parece irracional, mas é exatamente assim que um empresário pensa. Henry Ford não criou cavalos mais rápidos, ele fez carros. Steve Jobs não fez computadores, ele criou Macs, iPods, iPads, iPhones e iTunes. Não sou um grande fã de música, ouço notícias. Nunca soube que precisava de um aparelho para ouvir música até Jobs apresentar o iPod. Ele criou uma demanda produzindo um produto que eu queria, mas não sabia. Pense assim, se trabalho duro e determinação gerassem riqueza, então muitas das comunidades mais pobres seriam ricas. Se a fome e a demanda por comida criassem a oferta, então essas mesmas comunidades seriam repletas de fazendas e restaurantes. Não é a demanda que cria a produção, mas, ao contrário, é a produção que cria a demanda. E isso não é nada intuitivo.

Custo da Oportunidade

Diversificar suas atividades sozinho, como empresário ou autônomo, é uma proposta assustadora. Abdicar da segurança de uma renda fixa em uma empresa não é para os fracos. Um grande obstáculo a ser superado para a maioria das pessoas é o custo da oportunidade que envolve a desistência de um salário enquanto constrói seu próprio negócio. Uma bem-sucedida estratégia geradora de riqueza é a de focar-se em objetivos de longo prazo. Nesse caso, o objetivo seria acumular um patrimônio líquido total em vez de uma renda por mês. Supondo que seu pacote de remuneração corporativa total seja de 100 mil dólares por ano. Se você levar três anos para substituir essa renda, seu custo inicial da oportunidade seria de 300 mil dólares. Vale a pena? Pense em termos de patrimônio líquido e não em renda mensal. Mantendo seu emprego, você estaria ganhando um salário, mas não construindo um patrimônio líquido. Como empresário, você inicialmente perde uma renda mensal; no entanto, ao final de três anos, sua empresa estaria angariando um lucro acima de 100 mil dólares (a remuneração que você estaria pagando a si mesmo). Na pior das avaliações, seu negócio vale, no mínimo, 300 mil dólares (três vezes sua receita anual). Portanto, ao final de seu terceiro ano de negócio,

PENSE COMO UM SER HUMANO

você não tem apenas um rendimento de 100 mil dólares, mas também 300 mil dólares de capital. Você está ganhando o jogo e desde que continue a lucrar, isso será aquela cereja no bolo.

Este capítulo introduziu a primeira das quatro instruções cognitivas que serão apresentadas no livro. Embora cada uma tenha seus méritos, elas funcionam melhor quando harmonizadas. *Pense como um ser humano* foi introduzido primeiro por ser o alicerce que mantém todos os processos reunidos. Os cinco capítulos seguintes relacionam-se diretamente com essa premissa, estabelecendo primeiro a ameaça da automação e escalando até a última tarefa para desenvolver o toque humano.

Plano de Ação

Faça de conta que você é um arrombador de cofres, tentando determinar a combinação de um deles. Você vira o mostrador devagar, ouvindo atentamente cada trava cair em seu lugar.

O mostrador que você está girando representa os 11 atributos discutidos neste capítulo. À medida que você vai lendo a lista, ouça atentamente para verificar quais atributos energizam sua imaginação. Aqueles que se destacarem serão as travas caindo no lugar, destravando seu potencial interno e alinhando sua bússola pessoal com as principais tendências que moldam a economia do futuro.

Meus atributos principais são:

_____

_____

_____

Meus atributos secundários são:

_____

_____

_____

Capítulo 2

A AMEAÇA DA AUTOMAÇÃO

Eu fui criado no subúrbio de Pittsburgh, Pensilvânia, durante a década de 1970, e testemunhei de perto o fechamento de siderúrgicas e minas de carvão que foram a fonte de uma economia robusta por quase cem anos. As regiões manufatureiras, outrora prósperas do Nordeste e do Meio-Oeste americanos, estavam em declínio e receberam o apelido de Cinturão da Ferrugem (Rust Belt, em inglês). Fábricas fechavam e a produção ia para o exterior. Naquela época, as ameaças competitivas vinham principalmente do Japão, da Alemanha, de Taiwan e da Coreia do Sul. Isso foi antes de a China e outros mercados emergentes atuais terem uma participação tão importante no comércio global.

A próspera era econômica do pós-Segunda Guerra para a classe operária chegava ao fim. O desemprego crescia nos setores da indústria que outrora prosperaram nas grandes áreas metropolitanas, desde Baltimore e Nova York, ao Norte, até Chicago, no Meio-Oeste. No coração do Cinturão da Ferrugem, o desemprego era epidêmico. As cidades que haviam sido sustentadas pelas prósperas economias baseadas na manufatura estavam em declínio. Jovens, homens e mulheres fugiam de lugares como Pittsburgh, Buffalo, Cleveland, Cincinnati, Detroit e Milwaukee.

Operários demitidos recebiam o seguro-desemprego e aguardavam a reabertura das usinas. Apesar dos fortes sindicatos e de muita retórica política, a maioria das fábricas nunca mais reabriu. Os jovens saíam em massa da cidade e muitos homens desempregados, com seus 50 anos, nunca mais voltariam ao mercado de trabalho.

Embora a globalização tenha levado a culpa pela transferência de empregos dos Estados Unidos para outros países, as verdadeiras culpadas foram a tecnologia e a automação. Sim, em alguns países, a mão de obra era barata, mas também é verdade que a produtividade matava os empregos de mão de obra intensiva. Em todos os anos, salvo durante as recessões, a produção manufatureira americana aumenta. Mesmo assim, os empregos nesse setor estiveram em um declínio constante, chegando a atingir um pico de quase 19,5 milhões de trabalhadores, em 1979.

A eficiência tecnológica, destruidora de empregos, surge de muitas formas. Às vezes é o próprio robô que substitui um operário da linha de montagem automotiva. A imagem de um robô contribui para manchetes cativantes, sendo esse o assunto mais promovido pela mídia. Mas, frequentemente, o robô fica invisível, como a injeção de combustível ou a ignição eletrônica que faz seu carro rodar tão bem. Não percebidos pelas maiorias, esses mecanismos que usamos contêm um exército de servos robóticos que eliminam trabalhos que antes eram feitos pela classe operária dos Estados Unidos.

Na década de 1970, a maioria dos carros precisava de uma manutenção regular para funcionar direito. O nome comum para essa manutenção é "revisão". O procedimento precisava ser feito a cada 49 mil quilômetros, aproximadamente, e consistia em ajustar o tempo do motor e trocar partes desgastadas como velas, pontos de ignição e condensadores. Não era tão complicado, mas exigia um nível básico de mecânica que poderia ser conseguido por meio de um curso. Literalmente dezenas de milhares de homens ganhavam a vida realizando essas simples tarefas mecânicas.

Atualmente os carros só precisam de troca de velas a cada 160 mil quilômetros, no mínimo; tampouco têm pontos de ignição ou condensadores que precisam de troca. Há milhares de exemplos paralelos de como a classe trabalhadora ganhava a vida realizando tarefas manuais relativamente simples que, hoje, não existem mais, desde trabalhos não especializados que exigiam força bruta até trabalhos de renda média como consertos de rádios, televisões e todos os tipos de utilidades domésticas.

As oportunidades para esses trabalhadores, muitos dos quais são homens com o ensino médio ou menos, não existem mais. E isso só vai piorar. Os produtos podem ser produzidos em massa em fábricas automatizadas com tamanha precisão, que as taxas de confiabilidade não requerem extensas redes de reparo. Além disso, essas fábricas podem produzir produtos a um custo tão baixo que o reparo e a manutenção, economicamente, não valem a pena, o que torna mais viável comprar um produto novo do que consertar um velho.

As taxas de participação masculina na força de trabalho estão em declínio desde 1954. Na década de 1960, a taxa de desemprego entre homens de 25 a 55 anos era praticamente zero. Quase todo homem saudável estava empregado. As tendências do emprego começaram a mudar quando as mulheres entraram no mercado de trabalho em maior número e quando não se conseguiu retomar os empregos na indústria depois de cada e sucessiva recessão. Em 2016, cerca de 12% dos homens de 25 a 55 anos estavam desempregados por mais de 12 meses. Muitos deles não buscavam mais emprego e essa conjuntura foi categorizada pelo *Bureau of Labor Statistics* [Secretaria de Estatísticas Trabalhistas] como "desemprego de longa duração", uma condição que precede a perda de emprego permanente. Isso representa cerca de 10 milhões de homens saudáveis que estatisticamente abandonaram a força de trabalho.

Tornar a América Grande com Robôs

Em 2016, Donald Trump assumiu um papel de destaque prometendo tornar a América grande novamente. Sua mensagem populista de limitar a imigração e de retomar os empregos na indústria agradou a muitas pessoas da classe média, principalmente aquelas na região do Cinturão da Ferrugem que viram os empregos na indústria diminuírem por quase 40 anos. Trump foi o único candidato republicano desde Ronald Reagan a ter uma vitória arrasadora entre a classe operária nos estados de Pensilvânia, Wisconsin e Michigan, redutos dos democratas.

Conseguirá Trump cumprir sua promessa de campanha de levar de volta os empregos na indústria dos Estados Unidos? Talvez, mas se e quando esses empregos voltarem ao solo americano, eles serão realizados por robôs e não por mão de obra humana. Em 2016, o custo de um robô na soldadura por pontos em uma linha de montagem automotiva era de oito dólares por hora, contra 25 dólares por hora de um operário automotivo americano. Se você estivesse pagando por isso, quem contrataria?

Um alvo da ira de Trump e dos antiglobalistas é a Parceria Transpacífico (ou TPP, do inglês Trans-Pacific Partnership), um acordo que propõe facilitar o comércio entre 12 países. Uma narrativa popular da situação na mídia retrata dois fabricantes de calçados americanos em cada lado da questão: a Nike, pró-TPP, contra a New Balance, anti-TPP. Todos os produtos da Nike são fabricados no exterior, principalmente em países asiáticos, de baixo custo, onde quase todo o trabalho ainda é feito à mão.

A New Balance é uma empresa atípica na indústria de calçados, pois 25% de seus tênis são produzidos em fábricas da Nova Inglaterra. Sua fabricação, baseada nos Estados Unidos, é possível porque a New Balance adotou logo a automação. Em algumas estimativas, suas fábricas americanas usam 30% menos mão de obra humana. Adidas, uma empresa alemã não afetada pelo TPP proposto, busca há muito tempo o uso das técnicas de fabricação avançadas para levar a automação para a indústria de calçados que requer muita mão de obra. A Adidas desenvolveu um processo robótico de fabricação que pode aumentar muito a produtividade. Os empresários estimam que ao automatizar a maioria do processo industrial, o tempo para fazer um par de tênis pode ser reduzido de semanas para horas.

Assim como todos os setores da economia, algumas das ideias mais inovadoras que levam à automação vêm de pequenas *startups* de tecnologia. A Feetz, empresa com sede em San Diego (EUA), está estabelecendo um nicho com sapatos personalizados vendidos a 200 dólares. Seu sapato casual é feito com materiais 100% reciclados e pode ter qualquer aparência e tamanho que você quiser. Eles alcançaram esse nível de personalização porque seu processo de fabricação baseia-se na impressão 3-D.

Embora um sapato da Feetz de 200 dólares possa não caber no orçamento de todos, a questão é que uma fabricação com base na impressão 3-D em pequena escala é comercialmente viável em um setor de trabalho de baixo custo como a produção de calçados.

A tendência de usar a impressão 3-D e outras formas de automação continuará crescendo à medida que o custo baixar e a capabilidade melhorar.

Como você lerá nos próximos capítulos deste livro, a automação não é apenas inimiga da classe operária. Os robôs estão chegando também para os cargos administrativos. Na verdade, como muitos dos empregos nos Estados Unidos já foram perdidos para a automação, proporcionalmente, as funções administrativas serão as mais atingidas. Nenhuma profissão ficará imune ao massacre da automação.

A Economia mais Ampla

O desemprego com base na automação não se limitará às economias desenvolvidas. Mercados de mão de obra intensiva de baixo custo, como aqueles encontrados em muitas partes do mundo em desenvolvimento, verão suas economias dizimadas. Assim como os Estados Unidos perderam os empregos na indústria para o Japão nas décadas de 1970 e 1980 e, por sua vez, o Japão perdeu esses mesmos empregos nas décadas de 1990 e 2000 para a China, atualmente a China perde empregos na indústria para mercados de baixo custo, como Vietnã e Sri Lanka. Logo, muitas dessas mesmas vagas na indústria retornarão para fábricas automatizadas da América do Norte e da Europa.

A virada da mão de obra humana para a automação terá um impacto profundo em um futuro próximo. Não se sabe exatamente quando ela ocorrerá e qual será sua extensão. Não acho que seja produtivo especular se 25 ou 50% dos empregos serão eliminados ou se o declínio começará em dez ou 25 anos. Independentemente do que possa acontecer no futuro, a ameaça da automação à mão de obra humana é um perigo claro e presente.

Nos últimos 60 anos, empregos dominados por homens, tanto na manufatura quanto na construção civil, encolheram de 40% para 13% do mercado. A transformação épica ocorreu onde a automação foi implementada mais facilmente. Uma transição semelhante está acontecendo na economia mais ampla, à medida que empregos do alto escalão sucumbem à automação.

Em 2016, oito anos depois de os Estados Unidos se restabelecerem da Grande Recessão, o Produto Interno Bruto (PIB) médio americano teve uma queda histórica de 2,1% do crescimento anual.[1] De acordo com dados do Banco Mundial, o PIB global não chega a crescer nem 3%. Atualmente, mais de 95 milhões de pessoas[2] não participam do mercado de trabalho americano. Isso se traduz em 36% de adultos sem procurar emprego. Os robôs estão vindo para preencher essas vagas. Eles estão vindo também atrás da sua?

Avanços Tecnológicos em Ciclos

Ao contrário dos prognosticadores derrotistas, não odeio nem temo a tecnologia. Eu a abraço e a uso para melhorar minha qualidade de vida. Ao mesmo tempo, reconheço a realidade de que as vidas de muitas pessoas serão devastadas porque seus empregos serão substituídos pela automação. Os efeitos negativos serão sentidos em todo lugar, porque o desemprego em massa não se limitará a locais geográficos específicos.

Trabalhadores em Dallas ou Tóquio não sofreram os aspectos negativos do desemprego epidêmico que afetou a região do Cinturão da Ferrugem dos Estados Unidos nas décadas de 1970 e 1980, mas o desemprego em massa induzido pelos robôs deslocará empregados em todas as nações e com todos os níveis de renda. As avançadas técnicas industriais automatizadas, como a impressão 3-D e as máquinas computadorizadas, tornarão os trabalhadores de Xangai e de Seattle dispensáveis. Sistemas especializados de supercomputação diminuirão a necessidade de profissionais como médicos e advogados. O software empresarial substituirá a gerência intermediária. Quanto mais previsível e rotineiro for o cargo, maior a probabilidade de ele ser automatizado, como diagnosticar faringite ou buscar depoimentos. Profissionais bem remunerados serão os mais afetados, porque sua troca pela tecnologia oferecerá o melhor retorno sobre o investimento.

---

1. Eric Morath, "Seven Years Later, Recovery Remains the weakest of the Post-World war II Era" [Sete Anos Depois, a Recuperação Continua a Ser a mais Fraca após a Segunda Guerra Mundial], *The Wall Street Journal*, 29 jul. 2016. Disponível em: <http://blogs.wsj.com/economics/2016/07/29/seven-years-later-recovery-remains-the-weakest-of-the-post-world-d-war-ii-era/>.
2. Jeff Cox, "What 'Are So Many of Them Doing?' 95 million not in US Labor Force"[O que tantos Estão Fazendo? 95 milhões não Estão na Força de Trabalho Americana], CNBC, 2 dez. 2016. Disponível em: <http://www.cnbc.com/2016/12/02/95-million-american-workers-not-in-us-labor-force.html.>.

A AMEAÇA DA AUTOMAÇÃO

Os otimistas apontarão para o fato de que, assim como acontece com todos os ciclos no emprego da tecnologia, as forças da destruição criativa estarão em jogo. Empregos e indústrias obsoletos serão substituídos por novas oportunidades. Embora isso seja verdade, o que os otimistas ignoram é o tempo médio necessário para uma recuperação. É claro que a economia voltará a equilibrar-se, afinal essa é a natureza dos mercados. O que será tão dolorosamente devastador para os desempregados é que a recuperação e o reequilíbrio provavelmente demorarão mais do que uma geração, talvez ainda mais, considerando a magnitude da tão espalhada tendência secular.

A história pode ser nosso guia. A Grande Depressão atingiu a economia americana quando as taxas de desemprego começaram a subir em 1929 e atingiram um pico de 25% em 1933. As taxas ficaram acima de 10% até 1941, quando os Estados Unidos entraram na Segunda Guerra Mundial. A diminuição no desemprego só ocorreu porque milhões de empregos na indústria foram subitamente criados para rearmar os esforços da guerra e milhões de americanos que entraram no serviço militar. Em 1945, 12 milhões de homens e mulheres serviam nas Forças Armadas americanas. A economia só se recuperou de fato da Depressão depois da Segunda Guerra, quando os Estados Unidos se posicionaram como produtor global para reconstruir a economia do mundo, dilacerada pela guerra.

Quando os robôs começarem a desalojar os seres humanos em grandes números, muitos setores da economia desmoronarão rapidamente. Quando foi a última vez que você viu uma cabine telefônica ou o exército de empregados que faziam sua manutenção?

O Japão é um exemplo interessante de como os ventos tecnológicos podem mudar. Na década de 80, o Japão era a maior ameaça à indústria americana. De fato, os industriais japoneses estavam em um clima expansionista, ostentando seu capital e influência ao mundo todo. Sua arrogância aumentou enquanto a bolha do índice Nikkei da bolsa inflava. Investidores japoneses pagaram em excesso imóveis americanos no Rockfeller Center e na Praia Pebble.

No início da década de 1990, visitei antigas fábricas decrépitas no Meio-Oeste, as quais, desesperadas, tentavam adotar as práticas da qualidade japonesa. Em vez de investir em caros equipamentos de precisão automatizados de alta velocidade que melhorariam a produtividade, a administração adotou técnicas de gestão japonesas, menos caras, como controle de estoque e reuniões de qualidade. Uma década depois, a maioria dessas fábricas obscuras espalhadas pelo Meio-Oeste acabou sendo fechada.

Por um acaso do destino, o Japão não teve muito mais sorte. O Nikkei atingiu um pico em 29 de dezembro de 1989 e ainda não se recuperou, quase 30 anos depois. Durante esse tempo, a economia japonesa entrou e saiu de recessões constantemente. Apesar da tecnologia e da qualidade superiores, as fortunas japonesas entraram em colapso. Nações como a China, com mão de obra mais barata e com fácil acesso à tecnologia, prosperaram.

Agora, o reinado da China, como a fábrica do mundo, começa a enfraquecer. Minha previsão é que sua economia venha a ter uma queda ainda maior do que a do Japão. A vantagem da indústria chinesa nos últimos 25 anos é a mão de obra barata e os padrões ambientais inexistentes. A automação e a tecnologia mais limpa corroem rapidamente essas vantagens. As placas tectônicas globais da indústria estão se movimentando de novo. A automação tornará a mão de obra dispensável.

Mão de Obra Quase Gratuita

A automação abundante faz com que a mão de obra se torne essencialmente gratuita. Essa é uma má notícia para o trabalhador, mas boa para o consumidor. A mão de obra quase gratuita é um conceito difícil para muitos entenderem, assim como a informação quase gratuita não foi compreendida nos primeiros dias da era da informação. Antes da internet, há apenas duas décadas, a informação era muito cara e, por conseguinte, o melhor acesso a ela estava disponível para as pessoas que moravam em grandes áreas metropolitanas ou perto de uma universidade de pesquisa.

A grande maioria esqueceu ou nunca soube o quanto a informação era cara. Mesmo uma simples comunicação por voz, com a qual todos contamos, era muito dispendiosa. Nos anos 1960, uma ligação telefônica de longa distância da cidade de Nova York para Los Angeles poderia custar vários dólares por minuto. Quando fiz meu primeiro investimento na bolsa, no início da década de 1980, a taxa de transação ultrapassava cem dólares, algo que hoje custaria menos de dez dólares.

A AMEAÇA DA AUTOMAÇÃO

Como resultado dos avanços tecnológicos, hoje a informação é quase gratuita. Ainda há serviços de assinatura do jornal *The New York Times* (NYT) e, é claro, as universidades ainda cobram mensalidades extorsivas. Mas a tecnologia está reduzindo até esses últimos bastiões do conhecimento pago. As ações do NYT chegaram a um pico em 2002 e, 14 anos depois, seu preço diminuiu quase 70%. A informação quase gratuita é uma boa notícia para os consumidores, mas não muito para a velha elite da informação.

A mão de obra quase gratuita funcionará de maneira parecida. Conforme mencionado anteriormente, um soldador robótico custa oito dólares por hora para uma montadora de automóveis, enquanto um ser humano custa 25 dólares. Um robô não é gratuito, mas a diferença de custo fica perto de 70%. Como ocorre com todas as tecnologias, a disparidade de custo continuará expandindo-se à medida que o preço da automação continue a cair. Em algum momento, em um futuro próximo, a mão de obra, assim como a informação, serão quase gratuitas.

Combine o trabalho quase gratuito com a grande quantidade de energia de baixo custo, disponível nos Estados Unidos, e o resultado será o renascimento industrial que está prestes a acontecer na América do Norte. O custo e a disponibilidade de gás natural, resultando dos avanços tecnológicos nos métodos de recuperação do xisto, são exemplos. O gás natural agora é um recurso abundante nos Estados Unidos, custando pelo menos 80% menos do que na Ásia. A tecnologia não só abaixou o custo do restabelecimento do gás natural, mas também da liquefação, tornando-o o país competitivo para exportar gás natural liquefeito (GNL) em navios-tanques. Em 2016, os Estados Unidos exportou GNL pela primeira vez desde 1957.

A exportação de GNL é boa, mas o uso local é ainda melhor. Empresas internacionais investem bilhões de dólares construindo usinas nos Estados Unidos para tirar vantagem do gás natural de baixo custo. Provavelmente, o futuro de longo prazo incluirá fábricas automatizadas enormes na América do Norte (Estados Unidos, Canadá e México) que integram verticalmente toda a cadeia de suprimento de energia e de mercado de insumos para o produto final: um sistema que será muito mais eficiente do que os atuais centros industriais da Ásia.

Hoje é assim que a indústria centrada na Ásia funciona:

- Matéria-prima como carvão, madeira e minério de ferro é exportada da América do Norte para a China.
- A China converte a matéria-prima importada em produtos que são enviados de volta para a América do Norte (o maior mercado do mundo).
- Resíduos e refugos dos produtos usados na América do Norte são coletados e exportados de volta à China para reciclagem.

Em um futuro automatizado, é assim que funcionará:

- A matéria-prima será extraída na América do Norte.
- Os materiais serão enviados à região de energia ou oleoduto norte-americano mais próximo, tais como:
  - Regiões de gás natural de xisto, como a Barnett em Texas ou Marcellus na Pensilvânia.
  - Oleodutos percorrerão predominantemente o Meio-Oeste, como o Corredor Norte/Sul desde Dakota do Norte até o Texas ou o Corredor Oeste/Leste desde Utah até Nova York/Nova Jersey.
- Haverá fábricas automatizadas junto aos corredores de gás natural.
- Os produtos finais serão enviados aos centros populacionais no litoral.

Parece impossível? Será mais rápido do que você pensa. Quando eu era criança, minhas opções de entretenimento domésticas consistiam em assistir à televisão em preto e branco com quatro canais: ABC, CBS, NBC e a televisão pública. Tinha de escolher entre *A Família Buscapé* ou *Mr. Rogers' Neighborhood*. Quais opções as crianças têm atualmente?

Ascensão e Queda da China

Revoluções tecnológicas acontecem rapidamente. A revolução da automação seguirá adiante sem impedimento, assim como aconteceu com as revoluções industriais e da informação, antes dela. A dinâmica econômica muda rapidamente para se adaptar à nova tecnologia. A China entrou no século XXI como a sexta economia global, com um PIB de quase 1 trilhão de dólares. Em 2016, a China era a segunda maior economia, com um PIB de quase 11 trilhões de dólares. No entanto, seu crescimento explosivo de dois dígitos está desacelerando para os atuais quase 6% ao ano. Seguindo o exemplo do Japão, a China pode estar entrando em um ciclo de recessão de 25 anos.

Os Estados Unidos estão prestes a entrar em um ciclo deflacionário jamais visto desde a Era Dourada no final do século XIX. O governo combaterá o custo decrescente para produzir mercadorias com impressão de moeda inflacionária necessária para compensar o desemprego. Quão rapidamente isso vai acontecer, e será que a deflação induzida pela automação superará a desvalorização cambial inflacionária? Nem eu nem ninguém sabemos. Suponho que a transição ocorrerá em ondas, algumas mais pronunciadas do que outras.

As forças deflacionárias ocorrerão porque, à medida que se reduzirem os custos trabalhistas, os preços de mercadorias e serviços também diminuirão. Os robôs estão vindo para deixar tudo mais barato. A produtividade aumentará em cada setor da economia, desde as indústrias até a saúde e a defesa nacional. A Força Aérea substituirá aviões de 50 milhões de dólares por drones não tripulados de 1 milhão de dólares. Pilotos de combate que custam vários milhões de dólares para treinar serão substituídos por operadores de drones em terra que podem ser preparados em alguns meses por pouco mais de 100 mil dólares.

Renda Mínima Garantida

Os cortes de gastos serão abundantes e necessários para financiar um gasto social enorme para sustentar os desempregados. Para prevenir um mal-estar social, alguma forma de renda mínima garantida (RMG) será instituída. A RMG será acessível graças às forças deflacionárias robóticas que abaixarão o custo real de tudo. Alimentação, saúde, moradia e lazer serão menos caros, e isso facilitará a oferta às massas.

O conceito de uma RMG acessível não é tão impossível quanto parece. Desde, pelo menos, a Revolução Industrial, a qualidade de vida melhorou a um custo mais baixo. O americano médio atualmente desfruta de um acesso a coisas indisponíveis aos super-ricos há apenas cem anos – coisas simples como ar-condicionado, viagens de avião e penicilina, apenas para citar algumas. Além disso, a disparidade do custo de vida não é tão extrema quanto a concentração de riqueza sugeriria. Um americano médio tem acesso à maior parte dos mesmos confortos que o fundador do Facebook, Mark Zuckerberg, teria. Lares de classe média não são mansões como a dele, mas são aquecidas no inverno, arejadas no verão e têm uma geladeira cheia de comida.

A tecnologia tornou nossos estilos de vida possíveis. Quando a automação reduzir o custo da mão de obra a quase zero, a disponibilidade de produtos e serviços será ainda mais abundante. Nos anos 1930, um fazendeiro produzia comida o suficiente para alimentar quatro famílias. A agricultura era incrivelmente ineficiente, não muito mais produtiva do que nos tempos feudais. Hoje, o trabalho de um fazendeiro pode alimentar mais de 150 famílias.

Menos Fazendeiros, Menos Médicos

Na década de 1930, o cultivo de alimentos era uma profissão de uma sólida renda média. Cerca de 20% da população estava empregada na agricultura. Por causa da automação e das técnicas avançadas de cultivo, os fazendeiros agora constituem cerca de 2% da força de trabalho. Compare esse número com os atuais trabalhadores da saúde que consistem em 10% da força de trabalho. A demanda por responsáveis pelos cuidados à saúde é crescente e eles recebem uma renda acima da média.

Assim como na agricultura, também grande parte do trabalho da saúde é rotineira e pode ser automatizada. Por causa do custo e da demanda crescentes pelo serviço de saúde, há um incentivo financeiro para desenvolver aparelhos médicos e procedimentos automatizados. A automação da Medicina seguirá a mesma curva de produtividade da agricultura, pela qual mais serviços poderão ser fornecidos por meio de um menor número de funcionários. A redução dos gastos médicos será uma boa notícia para a sociedade, mas talvez não seja tão boa para

A AMEAÇA DA AUTOMAÇÃO

alguns profissionais bem remunerados cujo trabalho será substituído pela automação.

A abundância resultante da produção de alimentos reduziu o custo da nutrição de tal modo, que quase 20% dos domicílios americanos recebem subsídios alimentares diretos na forma de vales-alimentação. Se a produção de alimentos precisou de 20% da força de trabalho para alimentar a população, como aconteceu em 1930, então os custos agrícolas seriam altos demais para que as exigências nutricionais de 20% dos domicílios sejam subsidiadas com dinheiro dos impostos. A conclusão é de que os programas de transferências de rendas pelo governo só existem se a sociedade puder pagar por eles.

À medida que a tecnologia e a automação reduzirem os requisitos do custo de vida básico, os estilos de vida de mais pessoas poderão ser financiados com a redistribuição de renda por meio da política fiscal. Isso provavelmente ocorrerá porque a automação eliminará os velhos empregos de mão de obra intensiva rotineira mais rapidamente do que a criação de novas oportunidades de trabalho. A taxa crescente de desemprego exigirá subsídios do governo, mas como a automação reduzirá o custo relativo das despesas do custo de vida básico, a sociedade conseguirá financiá-los por intermédio da política fiscal.

Um dia, as forças do mercado chegarão a um equilíbrio entre automação e emprego. Entretanto, por causa da magnitude da mudança e da rápida implementação da robótica, creio que o equilíbrio irá demorar pelo menos uma geração. Mas, em algum momento, as forças da destruição criativa gerarão novas oportunidades de trabalho em profissões ainda desconhecidas ou a população se adaptará reduzindo sua renda para equilibrar-se com as vagas de emprego disponíveis.

A idade média de um fazendeiro nos Estados Unidos é de 58 anos; a de um funcionário de tecnologia do Vale do Silício é de menos de 30 anos. As pessoas acabarão migrando para novos trabalhos e novas áreas geográficas, mas até um equilíbrio ser atingido, algum tipo de programa de renda mínima deverá ser implementado para estabilizar as pressões sociais do amplo desemprego. Assim como todos os aspectos do efeito da automação nos humanos, isso será visto tanto como uma notícia boa quanto ruim, dependendo da situação pessoal.

Ascensão dos Sultões do Silício

Atualmente, quase 50% da população americana recebe algum tipo de benefício governamental: seguro-social e para invalidez, benefícios aos veteranos, seguro-saúde, assistência médica ou abono salarial para moradia e alimentação. Embora a RMG atenda aos mínimos padrões americanos de qualidade de vida e aja para estabilizar a desigualdade social resultante dos efeitos do enorme desemprego, com base na experiência humana passada, é improvável que isso leve a um estilo de vida tranquilo. Nas comunidades nas quais os programas de transferências de renda pelo governo são a única fonte de rendimento, as pessoas costumam ter taxas mais elevadas de má saúde física e mental. Moradores de comunidades com um subsídio elevado têm taxas muito mais altas de diabetes, depressão, abuso de substâncias e suicídio do que a população americana em geral. Portanto, embora a RMG possa prevenir uma perturbação social, é improvável que uma comunidade que se autoatualize resulte de pessoas alimentadas com altos níveis de frutose e com um entretenimento de realidade virtual.

Reinvenção

Cidades do Cinturão da Ferrugem, como Pittsburgh, perderam concorrência para a indústria japonesa na década de 1970. Nos últimos 25 anos, a economia do Japão está em uma recessão quase constante. É possível que cidades "ultrapassadas" como Pittsburgh e países como o Japão estariam destinados ao colapso em uma espiral econômica mortal? Não, desde que sua população volte às raízes de sua prosperidade original: determinação e criatividade.

A economia de Pittsburgh não está no mesmo nível do tecnologicamente avançado Vale do Silício. No entanto, os habitantes de Pittsburgh não são preguiçosos. Demorou mais de uma geração para eles se recuperarem, mas a cidade está se libertando dos grilhões do Cinturão da Ferrugem. O renascimento de Pittsburgh é erigido sobre instituições que sobreviveram ao colapso da indústria do aço. As grandes siderúrgicas não funcionam em um vácuo; elas têm o suporte de um ecossistema não só de minas e ferrovias, mas também de universidades, bancos e hospitais.

Embora as minas e as ferrovias não tivessem sorte, a força de Pittsburgh emergiu ao desenvolver excelentes universidades, hospitais e instituições financeiras. A seleção de Pittsburgh pela Uber para o teste de uma frota de veículos autônomos é a evidência do conhecimento tecnológico da cidade. Pittsburgh é a sede da Carnegie Mellon University (CMU), universidade renomada no mundo todo por sua pesquisa em automação e robótica.

Assim como Pittsburgh, um dia, o Japão superará sua estagnação econômica. De fato, espero que se saia muito melhor do que a China ou a Índia. Ironicamente, algumas das questões que incomodaram a economia do Japão a fortalecerão mais tarde. Entre outras coisas, a população idosa japonesa sofre de falta de consumo doméstico, em grande parte como resultado do declínio das políticas de natalidade e de não imigração. O declínio da população acabará sendo uma vantagem à medida que a automação venha a substituir a necessidade de trabalhadores humanos. A população japonesa, homogênea, altamente adaptável e inteligente será a beneficiária voluntariosa de uma sociedade robótica avançada.

Durante períodos de mudanças tecnológicas extremas na economia, a disparidade de renda e o patrimônio sempre aumentam. As indústrias ferroviária, elétrica, de aço e de carvão que enriqueceram os barões do século XIX concentraram a riqueza nas mãos de poucos: Carnegie, Frick, Mellon, Morgan, Rockefeller e Vanderbilt nos vêm à mente. Paralelos podem ser traçados com a riqueza concentrada dos atuais bilionários da tecnologia apelidados de Sultões do Silício: Ballmer, Bezos, Gates, Jobs, Page e Zuckerberg, para citar alguns.

Além dos gigantes tecnológicos super-ricos, os outros vencedores do futuro robótico serão aquelas poucas pessoas empregadas por grandes corporações ou os empresários autônomos. A elite, os empregados de grandes empresas e os empresários formarão a trindade de realizadores. Lamentavelmente, creio que eles serão poucos. Até a economia atingir um equilíbrio na automação, a grande maioria das pessoas ficará em subempregos ou desempregada, entrando na categoria da RMG.

O objetivo deste livro é ajudar aqueles que almejam ser empresários ou sobreviventes do mundo corporativo. Embora a falta de algum talento extraordinário e de sorte impeça que nossa maioria conquiste a riqueza extrema dos 1% superiores, um estilo de vida com independência financeira está ao alcance daqueles com determinação e disciplina. Nos próximos capítulos deste livro, apresentarei informações e estratégias para ajudá-lo a preparar-se para a inevitável invasão robótica. Os bem-sucedidos aprenderão a implementar tecnologia e não combatê-la.

Plano de Ação

Agora é hora de reavaliar suas habilidades à luz da ameaça da automação.

1. Minhas três habilidades críticas exclusivas de sucesso são:

a. _____

b. _____

c. _____

2. Minhas habilidades podem/não podem ser facilmente automatizadas (identifique as tecnologias que podem ser usadas e o grau pelo qual a automação pode ser realizada):

a. _____

b. _____

c. _____

A AMEAÇA DA AUTOMAÇÃO

3. Para habilidades que podem ser automatizadas com facilidade:
   a. Estas são tarefas de conveniência e não me proporcionam uma vantagem competitiva.
   b. Identifique novas habilidades que me deixarão posicionado de forma única para atingir meu objetivo determinado.

4. Para habilidades que não podem ser automatizadas com facilidade:
   a. Elas agirão como barreiras protetoras e reduzirão as chances de minhas habilidades serem substituídas por um robô.
   b. Persiga e aprimore essas habilidades.

Capítulo 3

CAPACITANDO OS DEFICIENTES

Há muito com que se preocupar em relação à ameaça da automação desalojando trabalhadores e criando uma mudança catastrófica na economia. No entanto, a humanidade é flexível e adaptável e, ao longo da história, dominou seus arredores, dos desertos do Oriente Médio às geleiras da Antártida. Conquistar as ameaças iminentes será possível para os poucos que se prepararem e agirem.

O percurso será complexo, mas fácil para aquele que constrói um caminho que acompanha as tendências tecnológicas. O interessante é que o mais desfavorecido decerto adotará rapidamente a tecnologia para obter uma vantagem sobre um competidor comparativo. Parafraseando um velho provérbio: "Os mansos herdarão a Terra".

O termo "deficiente" é relativo. Se você tem diabetes, hipertensão ou epilepsia, provavelmente não se considerará deficiente ou inválido. Esses problemas de saúde não têm relativamente muitas consequências se são mantidos sob controle com a devida medicação. Entretanto, alguém com a mesma doença, há cem anos, talvez tivesse morrido antes da meia-idade. Hoje, essas enfermidades são uma inconveniência.

Para enfatizar o efeito habilitador da tecnologia na condição humana, rememore a era histórica das sociedades primitivas de caçadores e de agricultores. Algo tão simples quanto uma miopia teria impedido um homem de se tornar um caçador habilidoso e, portanto, um membro colaborador do clã. Ele teria sido relegado a tarefas menos produtivas, limitando assim sua utilidade e, provavelmente, sua condição social. Apesar de ter um intelecto aguçado ou possuir uma forte habilidade física, sua má visão poderia até tê-lo impedido de encontrar uma parceira e ter filhos. Um simples dano visual pode ter encerrado seu futuro genético, extinguindo sua linhagem familiar.

As lentes corretivas e a cirurgia Lasik relegaram a miopia a uma mera inconveniência. Uma pessoa com um problema de visão corrigido não tem muitas restrições. Essa pessoa, por exemplo, poderia ser um piloto, algo que não aconteceria há algumas décadas. O que a tecnologia do futuro desqualificará como deficiência?

Hoje, um cego pode ser prejudicado por um estigma semelhante ao do caçador paleolítico míope. Imagine alguém que tenha um talento artístico genético de um Rembrandt, mas é fisicamente cego. Atualmente, essa pessoa seria proibida de atingir seu potencial como artista plástico. No futuro, será desenvolvida uma tecnologia que permitirá aos neurônios cerebrais visualizar os ambientes onde a pessoa está, até mesmo sem a visão física. Uma mulher cega conseguirá não apenas sentir visualmente seu ambiente, como também traduzir essa expressão em uma imagem visual para todos aproveitarem.

Algo tão simples quanto a miopia teria colocado um peso desmedido em uma sociedade primitiva de caçadores-agricultores há 10 mil anos. Hoje, pessoas com deficiências complexas conseguem ter vidas plenas e contribuírem com a sociedade. Em algum momento, em um futuro não muito distante, os aparelhos e os implantes médicos mitigarão os efeitos incapacitantes da maioria das deficiências físicas.

As consequências de uma deficiência ou doença costumam ser superadas tanto com a tecnologia aplicada quanto com a Medicina pura. Alguns exemplos da história são dignos de nota. Considere as condições de Helen Keller e Stephen Hawking.

A História Está do Lado dos Deficientes

Logo depois de Helen Keller nascer em 1880, ela contraiu uma grave doença que a deixou cega e surda. Tecnologias como leitura em Braille e métodos de ensino como a elocução eram adotados para ensinar os cegos e surdos; no entanto, a informação não estava tão disponível na década de 1880. Isso valia especialmente para a família Keller, que morava no estado rural do Alabama. Foi por uma felicidade do acaso sua mãe saber de um programa educacional para crianças cegas e surdas em uma história de Charles Dickens publicada há cerca de 40 anos. Imagine viver em um mundo onde se demorava décadas para disseminar informações "novas" e o acesso a elas acontecia por acaso.

A persistência da família Keller em ajudar Helen foi recompensada com um encontro casual com o inventor Alexander Graham Bell. Este, um rico industrial, era o Steve Jobs ou Bill Gates da época. Ele tinha uma longa história de trabalho com os surdos. Sua mãe perdera a audição e seu pai inventou uma técnica de fala visual que era usada para ensinar as crianças surdas a se comunicar. A experiência de Bell na educação dos surdos o levou a um fascínio pela recém-desenvolvida ciência do som. Seu estudo do som levou depois à invenção do telefone e do fonógrafo.

Por sua associação com Bell, Anne Sullivan foi contratada como tutora pessoal de Helen Keller. Sullivan era singularmente qualificada para ensinar a rebelde e retraída menina de sete anos. Ela foi pioneira na aplicação das tecnologias emergentes para ensinar cegos e surdos. Os métodos da língua de sinais que ela ensinou a Helen ainda não tinham sido padronizados na atual Língua Americana de Sinais. Além de sua experiência técnica, Sullivan tinha uma personalidade muito forte que rompeu as barreiras da problemática garotinha. Por ser cega e surda, Helen tinha uma compreensão bem limitada do mundo externo. Tanto a pupila quanto sua professora, ambas precisaram ter uma determinação extraordinária. A união de seus esforços é um exemplo do que chamo de toque humano.

Helen Keller conseguiu dominar a comunicação com as tecnologias disponíveis de sua época: língua de sinais e Braille. Ela foi a primeira cega a se formar em uma faculdade e construiu uma carreira inspiradora como autora, palestrante e ativista. A ascensão de Helen, apesar de sua deficiência, foi possível tanto pela tecnologia como pelo toque humano.

Helen Keller morreu aproximadamente na mesma época em que o jovem Stephen Hawking foi diagnosticado com esclerose lateral amiotrófica. Assim como Keller, se não fosse pelo avanço da tecnologia, Hawking ficaria preso à doença degenerativa. Mas, por coincidência, a deterioração física e a perda da fala de Hawking ocorreram em 1985, no início da era da informação. Essa foi uma época em que o poder da computação e o software estavam sendo desenvolvidos em um nível acessível para os consumidores; também estavam sendo disponibilizados servomotores pequenos e baratos, facilmente controlados por corrente direta, qu podiam ser usados para mover cadeiras de rodas ou abrir portas. Sintetizadores de voz, controlados por computadores rudimentares, foram desenvolvidos para melhorar a comunicação. Talvez, ainda mais importante do que a Medicina, tenha sido a capacidade computacional e os pequenos motores elétricos que deram a Hawking condições para continuar com seu trabalho científico. Se ele tivesse nascido apenas uma década antes, é provável que seu potencial como cosmologista nunca tivesse sido notado e sua genialidade teria sido confinada à prisão de um corpo inválido.

Considere o potencial para a sociedade quando as deficiências físicas forem extintas. Quantos Rembrandt em potencial não conseguem pintar por serem cegos? A tecnologia capacitará os outrora deficientes físicos. A sociedade obterá recompensas enormes quando o potencial armazenado de cada pessoa for liberado.

Uso da Tecnologia para Desabilitar sua Deficiência

Para começar a ver a automação como uma vantagem e não uma ameaça, avalie primeiramente os benefícios que capacitam as pessoas. Veja a tecnologia com os olhos de uma pessoa deficiente, alguém cuja vida poderia ser melhorada com o uso de uma nova tecnologia. Então considere suas próprias deficiências físicas ou defeitos. Identifique suas fraquezas pelo que elas são e, dessa forma, busque soluções tecnológicas.

Como já foi dito, deficiência é um termo relativo. Pode significar um problema físico, como nos exemplos mencionados anteriormente, porém, de uma perspectiva mais ampla, ela pode ser interpretada como qualquer impedimento por parte das forças discriminatórias da sociedade, desde a discriminação por idade e os "ismos" (racismo, sexismo) até as limitações autoimpostas do desencorajamento ou do vício.

Quebrando o Teto de Vidro

As mulheres representam quase 46% da força de trabalho, mas detêm menos de 5% das funções de presidente na Fortune 500. Pelo menos 30% dessas grandes firmas presididas por mulheres estão em um setor relacionado à tecnologia. A tecnologia e a inovação são os grandes equalizadores e podem ajudar as mulheres a quebrar o teto de vidro corporativo. Ainda melhor, a tecnologia pode auxiliá-las a criar suas próprias empresas, desviando-se completamente da estrutura corporativa dominada pelos homens.

Então, o que o impede de atingir seus objetivos? Nós todos temos pelo menos um impedimento, seja físico, social ou pessoal. Procure seu esposo, seu parceiro, sua família, seus amigos ou quem você achar que lhe dê uma resposta honesta.

A chave para lucrar com a revolução da automação será usar a tecnologia como uma ferramenta para, primeiro, superar sua própria desvantagem pessoal e então criar produtos e serviços para os outros. Os seres humanos nunca podem competir com a automação robótica em se tratando de tarefas repetitivas. Felizmente, os lucros resultam da solução de problemas e não por completar tarefas.

Como Ganhar Vantagem sobre um Robô

1. Determine os obstáculos críticos que o impedem de avançar em sua carreira ou objetivos profissionais. Eles podem ser simples ou complexos, pessoais ou sistêmicos. Você pode ter um distúrbio de fala, por exemplo, falta de credenciais ou simplesmente não ter capital para financiar seu projeto.

2. Determine se existe uma tecnologia para resolver ou mitigar sua fraqueza.
3. Se existir uma solução:
   a. Compre-a agora ou prepare-se para comprá-la no futuro.
   b. Avance como se o obstáculo não existisse.
   c. Gaste seus preciosos recursos de tempo e capital desenvolvendo seus talentos humanos exclusivos que o diferenciam dos outros.
4. Se não existir uma solução, então seu objetivo não será atingido com facilidade:
   a. Descarte seu objetivo.
   b. Selecione um novo.
   c. Comece de novo no passo 1.

Esse processo é eficaz por sua simplicidade natural. Com ele você corta suas perdas mais rapidamente e passa para soluções possíveis.

Um ponto-chave para ter em mente é que a solução tecnológica não precisa ser acessível ou estar disponível. Ela só precisa existir ou ter o potencial de existir a um curto prazo. Isso porque a tecnologia é deflacionária por natureza, significando que, com o tempo, ela se tornará mais disponível e a um custo mais baixo. Se houver uma solução tecnológica, então sua fraqueza atual pode ser superada, talvez em uma data futura. Assim, você poderá focar-se em suas forças em vez de perder recursos com suas fraquezas.

Tecnologia em Ação

Apresento agora um exemplo pessoal. Não tenho absolutamente nenhum senso de direção. Nenhum. Posso dirigir até um lugar várias vezes e ainda me perder, porque não consigo observar os pontos de referência. Simplesmente não os "vejo". Pode ser por causa de uma má memória de curto prazo, falta de reconhecimento espacial ou, o que é mais provável, apenas ficar sonhando acordado e simplesmente não prestar atenção.

Esse foi um obstáculo considerável para minha carreira como vendedor viajante no início da década de 1990, antes do GPS e da tecnologia dos smartphones. Enquanto eu viajava pelo Meio-Oeste

CAPACITANDO OS DEFICIENTES

americano visitando clientes, tinha de gastar muito tempo planejando minhas viagens, principalmente aqueles últimos quilômetros de rodovias interestaduais nas estradas secundárias locais. Sem instruções detalhadas, sempre me perdia.

Isso afetou minha produtividade como vendedor, porque eu precisava gastar mais tempo do que uma pessoa comum planejando minha rota. Tinha certeza de que havia algum método para superar minha dislexia direcional, principalmente se eu dedicasse horas para combatê-la. Em vez disso, escolhi permanecer direcionalmente ignorante e apliquei meus recursos para desenvolver minhas habilidades comerciais. De maneira que hoje ainda me perco facilmente, mas apesar desse defeito, sou um homem de negócios muito capaz e com uma renda elevada.

O motivo pelo qual não tentei aprimorar minha habilidade direcional foi porque eu sabia que a tecnologia militar do GPS um dia chegaria a ser disponibilizada a um preço acessível para consumidores civis. Sabia que, em um curto período, meu "defeito" seria facilmente resolvido com a ajuda de um aparelho eletrônico barato.

Em vez de tentar consertar minha imperfeição, eu comprei uma solução, o que me deixou livre para desenvolver habilidades humanas exclusivas mais lucrativas.

Dica de Investidor

Para você ter novas ideias de tecnologia, observe os *early adopters* (usuários iniciais), como a profissão médica e os militares. Além disso, fique de olho nos japoneses, pois eles são fabricantes de aparelhos eletrônicos excelentes e desenvolverão muitos robôs para auxiliar sua população idosa.

Seja um Usuário Inicial de Tecnologia

Neste capítulo, referi-me a Helen Keller e dei vários exemplos de como a visão, ou a falta dela, foi superada com a tecnologia. Escolhi a visão como metáfora, pois ela é importante tanto como uma habilidade esotérica (a capacidade de ver possibilidades futuras) quanto como uma solução prática sempre aprimorada com tecnologia.

Por exemplo, existe atualmente a tecnologia da "visão", conhecida como realidade aumentada ou virtual. Para os consumidores, ela é desenvolvida para o entretenimento, como em filmes ou jogos 3-D, por exemplo, no aplicativo Pokémon Go. Ela também tem uma aplicação prática como um auxílio na realização de tarefas críticas, como uma cirurgia.

Há vários anos, o Google Glass recebeu muitas críticas por sua habilidade de gravar vídeos clandestinamente, o que foi considerado uma invasão da privacidade e assustadoramente voyeurístico. O produto foi retirado do mercado, mas, em algum momento, surgirá uma versão melhorada. Os primeiros usuários dessa tecnologia provavelmente serão cirurgiões ou outros que realizem tarefas caras e complexas nas quais um auxílio visual será útil.

Imagine um cirurgião operando. Olhando por seu aparelho de realidade aumentada (RA), ele não apenas vê o corpo do paciente, mas também outras dicas visuais sobrepostas nos óculos. Talvez ele veja um contorno onde a incisão deve ser feita. Ou quem sabe veja destacado um guia, passo a passo, de como o procedimento deve ser conduzido. Ou ainda pode ter a exposição em tempo real de uma ressonância revelando o que ocorre dentro do corpo do paciente. As possibilidades para fornecer a um cirurgião dicas audiovisuais em tempo real são ilimitadas e elas, com certeza, melhorariam o desempenho até mesmo do médico mais habilidoso.

As aplicações para a RA avançarão desde as profissões dos usuários iniciais, como médicos ou militares, até as aplicações cotidianas, como na mecânica automotiva.

Na década de 1970, um mecânico mantinha uma biblioteca do Chilton Repair Manuals como referência para dar instruções passo a passo sobre como consertar marcas específicas de automóveis. Na década de 2000, esses dados foram disponibilizados em CD-ROM. Hoje, ele está disponível na internet. Em um futuro não muito distante, o custo dos aparelhos de RA será acessível o bastante para ser usado por um mecânico. Ele utilizará um Google Glass que lhe dará uma referência audiovisual para auxiliar no conserto de um motor.

A Vantagem dos Pequenos Negócios

Empresários de pequenos negócios podem considerar-se em desvantagem em relação às grandes empresas com orçamentos multimilionários. Para evitar essa armadilha, uma pequena empresa deve evitar competir em áreas que exijam grandes quantias de investimento de capital e, em vez disso, focar-se em sua vantagem comparativa, como, por exemplo, na agilidade. Em 2005, as empresas multinacionais adquiriam 200 mil dólares de sistemas de teleconferência para suas salas de reunião. Esses sistemas eram complicados e cheios de falhas. Os executivos não conseguiam operar os aparelhos sem a assistência de um técnico. Ao mesmo tempo, pequenos empresários logo adotaram o Skype como seu método de comunicação preferido. O Skype era fácil de usar e gratuito ou bem barato de operar. Muitos empresários pensaram em adotá-lo e assim fizeram. Executivos de empresas vivendo em seus casulos de informação tecnológica desconheciam a existência do Skype.

Plano de Ação

1. Meu objetivo é _____

2. As três habilidades cruciais que me trarão sucesso são (dica: pense em seus talentos humanos exclusivos):

   a. _____
   b. _____
   c. _____

3. As três fraquezas fundamentais que impedirão meu progresso são:

   a. _____
   b. _____
   c. _____

4. Usarei as seguintes tecnologias para mitigar os obstáculos críticos:

   a. _____

   b. _____

   c. _____

5. Se não existir uma solução para mitigar o obstáculo:

   a. Redefina ou selecione um novo objetivo.

   b. Comece o processo de novo.

6. Se existirem soluções, agora ou em um futuro próximo:

   a. Compre ou planeje comprar a solução.

   b. Concentre-se em aprimorar as habilidades de sucesso exclusivas do passo 2.

Capítulo 4

PROCURE EDUCAÇÃO PRÁTICA

Nosso sistema educacional tem suas raízes na estrutura prussiana do século XVIII, projetada para educar uma força de trabalho conformista. O sistema operou bem por várias centenas de anos, educando engrenagens padronizadas para se adaptarem às rodas da Revolução Industrial. Entretanto, ele começou a desmoronar perto do fim do século XX, quando a era da informação tomava forma.

A geração do milênio atual deve mais de 1 trilhão de dólares em financiamento estudantil, e os salários reais estão estagnados há mais de uma geração. O sistema precisa muito de uma reforma. O fim dos empregos pela automação acelerará a mudança.

Um dia, um sistema descentralizado substituirá a atual hierarquia educacional antiquada, impulsionado pelo mercado. Esse mercado será movido tanto pelas demandas dos empregadores como pela oferta de talentos exclusivos individuais. A boa notícia é que você não precisa esperar que essa mudança aconteça. Steven Spielberg foi rejeitado duas vezes pela disciplina de Cinema da Universidade do Sul da Califórnia. Em vez disso, ele estudou na menos prestigiada California State Long Beach University, da qual saiu depois. Esse é um exemplo clássico de como o sistema universitário ignorou ou não conseguiu apreciar os talentos exclusivos de um indivíduo talentoso. No futuro, os aspirantes a diretores de cinema provavelmente nem se importarão em frequentar a faculdade.

Eles aprimorarão sua habilidade e receberão elogios postando filmes diretamente nos sites de consumidores como o YouTube.

Qualificação Profissional

Você precisa de um diploma? Depende de seus objetivos profissionais. Se você gosta de ciências biológicas e quer se tornar um médico ou veterinário, então, sim, uma educação formal é necessária. E no caso de gostar de animais, mas não querer frequentar uma faculdade de veterinária? Procure carreiras auxiliares. Sempre existem nichos no mercado e eles podem ser bem lucrativos. O salário médio anual de um veterinário é de 90 mil dólares. Conheço pessoalmente autônomos da indústria de controle de animais que ganham até 100 mil dólares. Eles removem de forma humana criaturas como guaxinins e gambás de bairros suburbanos e não precisam de uma educação formal.

Você gosta de ciência da computação, mas não tem condições de entrar no MIT (Instituto de Tecnologia de Massachusetts)? Sem problema. Em anos recentes, conheci várias pessoas com apenas diplomas do ensino médio que estão empregadas na indústria de segurança da internet e ganham mais de 200 mil dólares por ano. Não são empregos fáceis de encontrar, mas eles existem para aqueles com talento digital. Se você não acredita, procure no Google por Edward Snowden, o consultor informante da Agência Nacional de Segurança. Há rumores de que ele tem apenas um diploma do ensino médio, não tem faculdade e, mesmo antes de se tornar um informante, ganhava entre 122 mil dólares a 200 mil dólares por ano.

Meu conselho é o de se preocupar menos com credenciais e procurar por oportunidades que se alinhem com seus interesses. Se educação ou um diploma forem exigidos, então ache um jeito de consegui-los. Caso contrário, prossiga com cautela e encontre formas de aprimorar sua competência geral no campo que mais lhe agrade.

As Credenciais Importam?

O sistema universitário atual faz um bom trabalho emitindo diplomas, mas não necessariamente de qualificação. Alguém com um diploma de Direito da Harvard é obviamente inteligente, pois ele primeiro teve de passar pela admissão dessa prestigiada instituição

PROCURE EDUCAÇÃO PRÁTICA

para depois graduar-se. Entretanto, a inteligência não garante competência em um determinado campo de trabalho.

Albert Einstein foi um gênio da matemática, mas sua distração provavelmente o desqualificaria para a profissão de contador. Steve Jobs foi um empresário visionário, mas não tinha as habilidades sociais desejáveis na maioria das empresas.

Considere como você toma decisões quando recruta pessoas em seu próprio negócio. Nunca perguntei ao meu dentista, ou mecânico ou contador, onde eles se formaram. Seleciono profissionais com base nas referências de amigos ou das mídias sociais: "Onde você fez seu canal?" ou "Onde encontro um mecânico de confiança?".

O sistema universitário e as instituições afiliadas (como, por exemplo, Conselho de Medicina e a Ordem dos Advogados – OAB) têm um monopólio na emissão de credenciais. As mídias sociais e as oportunidades de contornar a regulamentação governamental diminuirão esses monopólios.

O turismo odontológico no México é um bom exemplo. A odontologia é cara e mais de 150 milhões de americanos não têm convênio odontológico. Os cidadãos idosos são especialmente afetados por causa dos efeitos de longo prazo das doenças odontológicas degenerativas. Há décadas, os idosos viajam para o sul na fronteira para encontrar alternativas menos caras. Com uma viagem para o México, um idoso pode economizar mais de 10 mil dólares. Essa tendência cresce exponencialmente por causa do acesso à informação e da fácil coordenação pela Internet. Esses pacientes não se importam se seu dentista tem um diploma de uma universidade dos Estados Unidos ou se for certificado pelo Conselho Odontológico do México. Não há uma demanda apenas para procedimentos odontológicos; o turismo médico em geral também é uma tendência crescente.

Fim da Opep

Você acha que grandes instituições, como os estabelecimentos educacionais ou médicos, não podem ser forçadas a aguentar uma mudança estrutural dramática? Considere o reinado de meio século da Organização dos Países Exportadores de Petróleo (Opep). A Opep coloca o preço no combustível principalmente de acordo com a enorme e influente capacidade de produção, também conhecida como capacidade de produção oscilante, da Arábia Saudita.

Muitos acreditavam que essa força monopolista jamais pudesse ser enfraquecida enquanto os combustíveis fósseis fossem uma fonte de energia predominante. Mas os avanços tecnológicos na extração de petróleo de depósitos de xisto (fraturamento hidráulico e perfuração direcional) duplicaram a produção americana e a colocaram ao lado das produções de Arábia Saudita e Rússia. O preço do petróleo caiu de um pico de 145 dólares por barril, em 2008, para abaixo, substancialmente, de 50 dólares por barril em 2016. A capacidade de produção oscilante agora está nas mãos de 2 mil poços em depósitos de xisto disseminados pela América do Norte. A Arábia Saudita está extraindo petróleo em níveis históricos e, mesmo assim, continua com um déficit orçamental de 100 bilhões de dólares. O pico do petróleo ainda não se materializou, mas nós podemos estar testemunhando o fim da Opep.

Fim da Educação Baseada em Aulas Expositivas

A automação e a tecnologia tornarão obsoleto o modo de aprendizado em salas de aulas expositivas. Infelizmente, os atuais cursos on-line apenas imitam o método chato das aulas expositivas de aprendizado e, em geral, são tão ineficazes quanto o método tradicional. O aprendizado no futuro será dinâmico e interativo. Identificar o potencial do aluno e intensificar sua experiência de aprendizado com realidade virtual e simulação desempenharão um papel muito maior.

Com o avanço dos métodos de educação para além do arcaico estilo prussiano, é provável (embora talvez seja contraintuitivo) que sejam adotados aspectos positivos de técnicas de treinamento mais antigas. Prevejo o ressurgimento dos programas para aprendizes. Trata-se de um método mais produtivo de aprendizado de uma especialidade ou profissão que transfere a responsabilidade da educação do governo para o empregador e o indivíduo.

Com o progresso das economias, as necessidades dos empregadores tornam-se mais específicas. Em 1950, um engenheiro elétrico tinha um conjunto de habilidades para trabalhar em vários setores da indústria. Ele facilmente encontraria emprego na General Eletric, na General Motors ou na Bell Telephone. Hoje, um engenheiro de software tem habilidades de tarefas muito específicas que não são prontamente transferíveis. Um programador da Microsoft pode não achar suas habilidades de codificação relevantes para um emprego no Google.

De um ponto de vista prático e patrimonial, treinar os empregados é vantajoso para o empregador. Essa prática foi evitada em gerações recentes por causa do custo. Entretanto, o advento do treinamento interativo com base em realidade virtual diminuirá muito o custo da educação personalizada, incentivando assim os empregadores a desenvolver métodos de treinamento próprios.

Sem dúvida, a plataforma para a educação dependerá muito da tecnologia, contando com a realidade virtual, grandes volumes de dados e aparelhos sensoriais ainda inexistentes. Contudo, a presente estrutura do processo educacional é provavelmente uma adaptação moderna do sistema de estagiários de prazo convencionado, uma forma de treinamento dedicado ao serviço que inclui um comprometimento de tempo do funcionário (historicamente sete anos).

Esse tipo de programa educacional foi usado ao longo da história porque dá um resultado vantajoso tanto para o empregador quanto para o empregado. O sistema produz um funcionário habilidoso que atende às necessidades exatas do empresário, e o custo do treinamento é compartilhado entre ambas as partes. O empregador fornece o treinamento em troca do trabalho com um desconto no salário por um tempo. O empregado recebe o treinamento sem custo algum, adquire experiência profissional relevante e alguma forma de rendimento.

Ao final do aprendizado, o funcionário é um agente livre com opções de permanecer no atual emprego, buscar outras oportunidades ou começar sua própria empresa. Variações desse sistema foram usadas com sucesso por milênios. O exército americano usa um sistema parecido para recrutar os serviços de voluntários há mais de 40 anos.

Alguns podem ficar preocupados com o fato de os programas de estagiários evoluírem para uma servidão forçada. Talvez isso aconteça, mas em comparação com nosso atual dilema relativo ao financiamento estudantil, quão pior a situação pode ficar?

Oportunidades Profissionais na Educação

A perspectiva no que diz respeito à profissão para o professor de faculdade tradicional pode estar em decadência, mas oportunidades muito lucrativas existirão na área educacional. A revolução da automação produzirá pelo menos duas necessidades distintas nessa área: treinamento de funcionários dispensados e treinamento (programação) de robôs. Surgirão muitas oportunidades para todos os tipos de especialistas: engenheiros de software e hardware, psicólogos, comunicadores, integradores, etc. O céu é o limite. Onde você se encaixa?

Exercício Mental Perturbador

Seus humores para o aprendizado alternativo estão fluindo? Vamos fazer um exercício mental.
Este exercício foi criado para ter dois resultados:

1. Provocar o profissional cético com a possibilidade de que ele não está imune a tornar-se redundante com a automação e a tecnologia.
2. Estimular o pensamento criativo.

O exercício mental consiste em realizar um *brainstorming* sobre um novo produto ou serviço revolucionário. Para nossos propósitos, usaremos uma abordagem simples de dois passos:

1. Identifique uma oportunidade que seja incontestável a partir de uma necessidade ou desejo com base em um mercado existente.
2. Desenvolva uma solução usando uma nova tecnologia que crie valor (isto é, economia de tempo ou dinheiro).
a. A solução pode ser um produto ou um serviço.
b. A tecnologia pode já existir no mercado de varejo ou, pelo menos, ser comercialmente viável em um futuro próximo.

PROCURE EDUCAÇÃO PRÁTICA

Você precisará propor uma oportunidade e uma solução, com base em seu interesse pessoal e conjunto de habilidades. Para ajudá-lo a prever o processo, vou explicar com um exemplo.

Oportunidade: Crie uma solução ortodôntica de baixo custo para endireitar os dentes.

- Mercado: os americanos gastaram 11 bilhões de dólares ao ano tentando endireitar os dentes esteticamente.
- Ortodontistas são profissionais bem remunerados, ganhando uma média de 200 mil dólares por ano.

Solução: kit de contenção feito por você em 3-D, em casa.

- Valor: economiza dinheiro dispensando os serviços de um ortodontista.
- Método: obtenha a impressão de uma mordida.
  - Abordagem de baixa tecnologia: molde a impressão com um método de moldagem tradicional (como, por exemplo, o Polystone) e, então, crie um molde em 3-D.
  - Abordagem de alta tecnologia: desenvolva um sensor de baixo custo que possa ser colocado na boca, o que criaria uma imagem 3-D.
- Desenvolva um software CAD que faça uma transição da condição da mordida existente movendo o dente, gradativamente, para a posição estética desejada.
- Imprima em 3-D uma série de retentores de plástico que possam ser usados com o tempo para corrigir a mordida gradativamente.

Parece fácil demais ou é uma solução visionária fantasiosa? Depois de ter feito esse exercício mental, pesquisei a ideia no Google e descobri que um aluno de graduação do Instituto de Tecnologia de Nova Jersey chamado Amos Dudley foi o pioneiro nesse conceito e usou uma solução não muito diferente da minha. Ele não só fez um exercício mental. Dudley usou a tecnologia disponível para impressão em 3-D de retentores odontológicos que realmente fortaleciam seus dentes. Ele gastou cerca de 60 dólares em materiais para produzir um resultado que custaria vários milhares de dólares em um ortodontista. As façanhas de Dudley podem ser vistas em http://amosdudley.com/weblog/ortho.

Dudley é um engenheiro de projetos em 3-D habilidoso, por isso não estou sugerindo que com esse processo qualquer joão-ninguém imprima contentores em casa. Ainda não. É uma validação de conceito que um método como este seja viável comercialmente em um futuro não muito distante. Se eu fosse ortodontista, ficaria preocupado, muito preocupado.

Conclusão

Se você for um profissional habilidoso que não acredita que seu conhecimento possa ser substituído pela automação ou pela tecnologia, pense de novo. Pode não acontecer amanhã, mas a história nos ensina que, em algum momento, a tecnologia avançará a um estado em que possa produzir uma alternativa competitiva viável. A ortodontia, feita por você mesmo, pode parecer improvável, mas o mesmo pode ser dito de procedimentos agora comuns, como monitoramento doméstico da glicose, testes de gravidez e amostras de DNA.

Para o resto de nós, o *brainstorming* revolucionário não é um exercício elitista. Experimente e veja onde ele o leva!

Plano de Ação

Os programas de estagiários modernos podem estar no futuro, mas você pode tomar a frente da curva de aprendizado agindo agora. Use este exercício para identificar oportunidades de treinamento de fontes não tradicionais.

1. Identifique um empresário com quem posso estagiar em um emprego de tempo integral ou de meio período: _____

2. Identifique indústrias que me treinarão para usar seus produtos:
   a. _____
   b. _____
   c. _____

3. Identifique empresas de serviços que me treinarão para usar seus serviços:
   a. _____
   b. _____
   c. _____

PROCURE EDUCAÇÃO PRÁTICA

4. Identifique especialistas em minha área de interesse e como posso abordá-los:

   a. Conferências: _____
   _____
   _____

   b. Organizações: _____
   _____
   _____

   c. Especialista em treinamento ou consultoria: _____
   _____
   _____

5. Identifique treinamento on-line a partir de fontes gratuitas como YouTube ou com base em um provedor mediante o pagamento de uma taxa:

   _____
   _____
   _____

Capítulo 5

TRANSFORME O CONHECIMENTO EM SABEDORIA

Um fator essencial de sucesso e prosperidade na revolução da automação será a habilidade de transformar o conhecimento em sabedoria. Um ser humano não pode ser muito mais produtivo na obtenção de conhecimento do que em tarefas manuais repetitivas. Um robô computadorizado sempre vencerá. Ele tem uma capacidade de armazenamento infinita e a executa à velocidade da luz.

Os seres humanos precisam de anos de treinamento para ficarem competentes em uma habilidade complexa e podem levar décadas para alcançar o status de especialistas. Na década de 1950, um operador de máquina precisava de umas 4 mil horas de treinamento para conseguir um certificado de maquinista-chefe. Anos de experiência eram exigidos para montar e operar uma máquina exatamente na mesma forma para que as partes fossem fabricadas de acordo com uma tolerância-padrão, medida em milésimos de polegadas (cerca do diâmetro de um fio de cabelo humano). Hoje, uma máquina barata para comando numérico computadorizado (CNC) está disponível e vem programada para atender a tolerâncias críticas. Dependendo da tarefa, pouco ou nenhum treinamento operacional é necessário. Um simples microprocessador pode operar uma fresadora de três eixos a uma fração do custo do emprego de um maquinista humano. A automação computadorizada tornou obsoleto o maquinista de produção.

Muitas profissões podem ter um destino semelhante. Um farmacêutico ou um barman não têm habilidades muito diferentes de um maquinista: conhecimento dos materiais, habilidades para seguir direções (uma fórmula) e mistura precisa de componentes. Essas todas são tarefas que, assim como a máquina CNC, podem ser imitadas por um robô e em níveis maiores de produtividade e controle de qualidade. Os robôs operam ininterruptamente e não ficam viciados em narcóticos, como alguns farmacêuticos, nem dão cafés grátis para seus amigos, como alguns barmen.

Alavanque seu Conhecimento

Profissionais com habilidades em um assunto podem monetizar sua experiência desenvolvendo sistemas de suporte à decisão, isto é, aplicativos para computador e smartphones. As possibilidades são infinitas, das práticas às mais frívolas. Imagine a demanda para uma ferramenta de diagnóstico médico abrangente que pudesse auxiliar um profissional da saúde a diagnosticar uma doença rara ou ajudar um pai a determinar se ele deve procurar um médico ou o pronto-socorro para tratar a dor de ouvido de seu filho. O mercado é ainda maior para o trivial: selecionar um vinho, combinar roupas ou comprar um carro.

O potencial vai bem além dos atuais aplicativos simplistas de smartphones para sistemas robóticos abrangentes que fornecem conhecimento e funções. Hoje você pede direções ao Siri, amanhã ele o levará até lá em um carro autodirigido. Não foi coincidência a Apple comprar o Didi Chuxing, a versão chinesa da Uber.

O desenvolvimento e a integração de sensores baratos, servomotores controlados por velocidade, tecnologia sem fio e bases de dados oniscientes estão batendo à porta. O futuro é quase uma realidade.

Quando eu era criança, havia um conceito de carro voador com base no desenho dos Jetsons. Ainda espero por essa tecnologia, mas o que está aqui é quase tanto quanto revolucionário. O carro de George Jetson podia voar, mas George ainda tinha de operá-lo. Hoje, carros autodirigidos são uma realidade, desde frotas experimentais da Uber e do Google até opções acessíveis e disponíveis como a tecnologia de "assistência ao motorista" EyeSight® da Subaru. Dirijo meu Subaru na rodovia por horas sem precisar tocar no acelerador ou no freio.

Como monetizar sua experiência?

Sistemas Especializados de Suporte à Decisão

Os robôs estão em toda parte: em semáforos que controlam o trânsito, caixas eletrônicos que colocam dinheiro à disposição dos clientes, marca-passos que regulam o ritmo cardíaco. A diferença entre esses robôs e os robôs do futuro está no grau de inteligência, como acontece com as pessoas.

Produtos de sucesso contêm apenas o volume certo de inteligência para completar a tarefa desejada, um equilíbrio entre função e custo. Os detectores de fumaça utilizam apenas uma câmara de ionização e um circuito simples para detectar a presença de fumaça, e não um complicado espectrômetro de massa com cromatografia gasosa que um químico analítico usaria em um laboratório. Manter a relevância humana exigirá o uso eficiente de ferramentas em todas as suas formas: robôs, grandes volumes de dados, computação em nuvem, etc.

Os avanços em inteligência artificial (IA) ocorreram em uma taxa significativa. A próxima geração de IA formará redes que utilizam os recursos infinitos da internet e da computação em nuvem para que a capacidade de armazenamento deixe de ser um problema.

Pense nisso em termos de como as pessoas ouviam antigamente a música gravada. Para ouvir uma música favorita, era preciso comprar o disco de vinil ou esperar que a canção fosse tocada no rádio. Em lugares públicos, como restaurantes e bares, havia um toca-discos que continha umas 50 das músicas mais populares. Entretanto, existia tecnologia para gravar música cujo acesso era limitado pelo gargalo do sistema de distribuição. Da mesma forma, há hoje um software de IA que está melhorando a uma taxa exponencial; no entanto, uma implementação prática será limitada até grandes bases de dados contendo conhecimento especializado serem ligadas por meio de toda a capacidade infinita da internet.

No futuro próximo, algoritmos complexos operarão sistemas especializados de suporte às decisões, sistemas que acessam grandes bases de dados de conhecimento. E, finalmente, esses sistemas se tornarão autodidatas, expandindo assim suas bases de conhecimento sem a intervenção humana.

O que é um sistema de suporte à decisão? Pense em um simples fluxograma. Se a observação "A" existe, então a função "B" é realizada para o resultado desejado "C".

O sistema pode ser simples ou complexo, limitado pela função do algoritmo e pelo conhecimento factual da base de dados.

Considere como uma criança desenvolve habilidades de tomada de decisões:

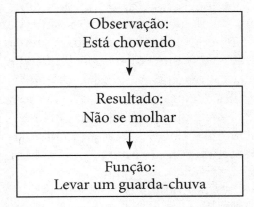

Essa habilidade cognitiva é uma aplicação da lógica e difere do pensamento complexo apenas no tamanho da base de conhecimento. Uma criança pequena, por exemplo, pode reconhecer a condição da chuva, mas não conseguir diferenciar entre uma tempestade e um ciclone. Da mesma forma, o conhecimento de uma criança sobre funções aceitáveis e resultados desejados seria limitado. A função e a complexidade dos sistemas de suporte à decisão evoluem de maneira semelhante à de como uma criança desenvolve habilidades de raciocínio.

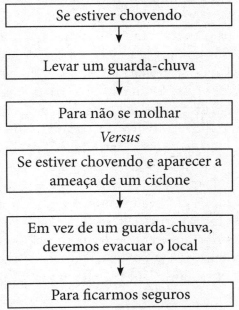

Como outro exemplo, vamos olhar para a forma como a preparação da declaração do imposto de renda evoluiu da contratação de um contador profissional para um processo de "faça você mesmo", até chegar a um sistema de suporte à decisão quase autônomo. Nos anos 1960, um contador seria contratado para preparar a restituição do imposto de renda. O contador tinha o conhecimento do código tributário em sua cabeça e usava uma calculadora eletrônica para realizar uma simples operação aritmética. Na década de 1970, o contador substituiu a calculadora por um computador profissional que automatizou alguns dos cálculos. Nos anos 1990, os consumidores compravam um software "faça você mesmo" para preparar a declaração do imposto de renda para fugir da necessidade de um contador profissional. Hoje, os contribuintes usam aplicativos para smartphones para juntar os recibos de modo automático e adotar os métodos sugeridos para reduzir impostos diariamente. Em cada passo, o aparelho de IA opera em um nível cada vez mais elevado de raciocínio (da calculadora para o aplicativo, passando pelo computador e pelo software do consumidor).

A IA está atualmente no pico do raciocínio do estágio inicial. A condição atual dos sistemas de suporte à decisão está limitada pela dimensão das bases de dados e do hardware especializados (por exemplo, braços e sensores robóticos) e não pela potência de computação.

Bases de dados especializadas estão sendo desenvolvidas para compilar todos os aspectos do conhecimento humano. Pense em uma base de dados como uma extensão do Wikipedia. Antes da internet, o material de referência estava incluído em livros de capa dura como a *Enciclopédia Britânica*. Os livros tinham de ser comprados e guardados em uma estante, o espaço para o conteúdo impresso era limitado, um índice remissivo era a única forma de busca e a informação não era atualizada com facilidade. A Wikipedia melhorou muito o acesso à informação geral comparada com o uso de uma enciclopédia de capa dura.

Hoje acessamos o conhecimento da Medicina por meio de um médico. Se você sentir dor no peito, vai para o pronto-socorro para determinar se é um ataque cardíaco ou apenas uma indigestão. A mente do médico socorrista funciona como seu portal para um sistema especializado de suporte à decisão de um médico. É um sistema que requer um ser humano com uma inteligência acima da média e décadas de treinamento. Em algum ponto, esse vasto conhecimento será transformado em um sistema de decisão computadorizado que será acessível sem fio pela internet. Sensores portáteis no vestuário ou no corpo (como, por exemplo, tiras no pulso, implantes) monitorarão os sinais vitais e relacionarão essas observações com os resultados médicos desejados.

Até certo ponto, esses sistemas já existem, mas são primitivos se comparados com o que estará disponível no comércio na próxima década. Sensores portáteis estarão em todo lugar, melhorando todos os aspectos de nossas vidas. Uma corredora sentindo dores no peito receberá um alerta instruindo-a a ficar calma, pois está sofrendo um ataque cardíaco e uma ambulância está a caminho.

Sem especialização... Sem problema

Você está se sentindo um pouco por fora por não ter o conhecimento para criar um sistema especializado? A boa notícia é que você se beneficiará muito com a criação dessa tecnologia, da mesma forma que simplistas como eu se beneficiam do corretor ortográfico, do TurboTax e de outras inúmeras soluções de software.

A diferença é que ao contrário do software atual, os sistemas especializados funcionais terão a capacidade de fornecer tanto serviços como produtos. Os sistemas especializados proporcionarão aos leigos soluções acessíveis para problemas complexos: legais, médicos, mecânicos e triviais. Hoje, você pede para Alexa enviar um item da Amazon. No futuro, ela determinará sua necessidade e então possibilitará que você imprima a solução do produto em 3-D na sua casa.

Um Robô é uma Ferramenta

Será que quando todo o conhecimento estiver correlacionado a sistemas de suporte à decisão, ainda haverá necessidade de habilidades humanas? Os seres humanos só se tornarão irrelevantes quando deixarem de ser humanos. Artesãos-chefes não são mais necessários para partes de precisão de linhas de produção em massa; entretanto, os seres humanos ainda são empregados para projetar e criar novos produtos. Um robô é uma ferramenta usada para fabricar um item com eficiência, um ser humano é necessário para conceber esse item.

Pense no comentário de Henry Ford sobre seus clientes quererem cavalos mais rápidos. A IBM apresentou o primeiro smartphone em 1994, chamado Simon Personal Communicator. Mais de uma década depois, celulares ainda não têm muita inteligência. Em 2007, o atributo físico predominante de um celular era seu teclado. Você provavelmente já esqueceu, mas a tecnologia do teclado do Blackberry era uma grande vantagem competitiva. Naquele ano, a Apple lançou o iPhone, que substituiu o teclado por uma grande tela funcional sensível ao toque. A falta de um teclado foi o foco de muitas críticas, positivas e negativas. A tela sensível ao toque foi transformativa no desenvolvimento de um smartphone com inteligência real. Steve Jobs não apenas fabricou um celular superior com avanços e incrementos, tal como um teclado melhor. Sua genialidade visionária criou uma plataforma completamente nova para gerenciar a comunicação, informações, entretenimento e muito mais.

O Robô Virtual

Além de pensar no robô como uma ferramenta, é importante lembrar que ele não é necessariamente um objeto físico. Quando você pensar em robôs, imagine em sentido mais amplo: o robô é simplesmente um termo para automação de tarefas. Pode ser um aparelho físico que limpe seu carpete ou um sistema de alarme que monitore a segurança de sua casa. Um aspirador de pó robótico substitui uma empregada. Um sistema de defesa substitui um homem de segurança. Planilhas substituem o uso de uma calculadora ou as contas matemáticas feitas de cabeça.

Os Robôs Já Estão Aqui

Smartphones são robôs que substituíram outros produtos: GPS, câmeras, gravadores, calendários, lanternas e por aí vai. O efeito foi devastador nas marcas da indústria de eletrônicos para o consumidor, como a Panasonic, Canon, Casio e Nikon. Como consumidor, você está felicíssimo com isso, assim como seu empregador ficará quando ele o substituir por um robô barato. Muitas empresas estão lutando por relevância na era do smartphone. Os trabalhadores que se tornaram dispensáveis pela automação terão um destino semelhante.

Uma ameaça grave a profissionais humanos e a instituições é a simplicidade pura e a forma amorfa adotadas pela automação. Considere a relevância do FED, o Sistema de Reserva Federal dos Estados Unidos, o banco central americano. O FED foi fundado em 1913, e, a cada ano, seu escopo e autoridade sobre a economia foram crescendo. Em consequência da crise financeira de 2008, ele expandiu seu balancete para mais de 4 trilhões de dólares, aproximadamente a capitalização de mercado de todas as 30 empresas no Dow Jones Industrial Average. Os gurus de Wall Street analisam cada palavra pronunciada pelo FED em uma tentativa de prever o movimento da taxa de juros. A influência do FED sobre a economia global nunca foi tão grande. Mas a autoridade dessa poderosa instituição está sendo enfraquecida por um simples algoritmo: o Bitcoin.

Durante o abismo da crise financeira de 2008, foi escrito um artigo descrevendo o conceito do sistema eletrônico de pagamento ponto a ponto que usou a tecnologia *blockchain* (corrente de bloco). Pense na *blockchain* como um sistema contábil público aberto em que os registros não podem ser alterados. Os dados ficam armazenados em milhares de computadores em todo o mundo e são prontamente acessíveis. Uma vez que a transação for registrada, ela será permanente. Não pode ser censurada nem manipulada por qualquer indivíduo, empresa ou governo. Como um incontestável depósito digital de registros, um dia ele poderia substituir instituições estabelecidas há muito tempo, como tribunais de condados, empresas de títulos imobiliários, escritórios de patentes, etc. As possibilidades são infinitas.

O uso mais popular da tecnologia *blockchain* é a criptomoeda chamada Bitcoin. O que começou como uma novidade anarquista durante o abismo da Grande Recessão tornou-se um poderoso meio de câmbio. Em 2016, havia em circulação mais de 15 milhões em Bitcoins, com uma capitalização de mercado de mais de 9,5 bilhões de dólares. Em menos de uma década, o valor do Bitcoin excedeu o ícone americano de 113 anos da Harley-Davidson. A Harley-Davidson fabrica quase 300 mil motocicletas por ano, emprega mais de 6 mil pessoas e seus ativos valem 4 bilhões de dólares. O Bitcoin não fabrica nada, não cria renda, não tem empregados nem possui ativos. Ele é um banco central robótico virtual. Existe apenas como um algoritmo de base de dados do *blockchain* operando em uma rede de computadores não filiados.

O Bitcoin é relevante por causa de seu valor percebido. Esse valor é determinado pela interação de milhões de seres humanos e não pela política monetária de um banco central. Os Bitcoins ou criptomoedas, semelhantes às que usam a tecnologia *blockchain*, poderiam eliminar a necessidade de bancos centrais e de departamentos do tesouro e casas da moeda, da mesma forma que a tecnologia de compartilhamento de arquivos Napster tornou a indústria fonográfica dos anos 1990 obsoleta.

Arrogância Humana

A automação mal empregada exporá a tolice humana, gerando assim oportunidade para aqueles com verdadeira sabedoria. Depois da crise financeira de 2008, o ex-presidente do FED, Alan Greenspan, confessou, para a surpresa de todos, a falha do FED em prever essa crise: "Tudo caiu aos pedaços de uma forma que nenhum analista de nota ou instituição pudesse prever". Ele acrescentou: "O FED tem o modelo econométrico mais elaborado, que incorpora todos os modelos modernos de como o mundo funciona – e ele deixou de percebê-la totalmente".

A confissão de Greenspan é particularmente importante porque ele presidiu o FED por 18 anos e era chamado de "Maestro" por sua perícia em reger economia. Sua admissão de fracasso é um exemplo de mundo real, do eufemismo da ciência da computação: "entra lixo, sai lixo", significando que uma entrada de dados de má qualidade sempre produzirá uma informação falha. Os modelos de computadores do FED eram sem dúvida baseados na inteligência acadêmica, mas não tinham sabedoria.

Inteligência Artificial *Versus* Sabedoria Humana

A inteligência artificial tem um motivo para não ser chamada de *sabedoria* artificial. Inteligência é a habilidade de aplicar conhecimento para conseguir um resultado desejado. Sabedoria tem mais nuances e talvez seja esotérica. É a confluência do conhecimento guiado pela experiência humana. Eu enfatizo humana, em vez de experiência, porque os robôs são capazes de aprender por tentativa e erro. A aquisição de sabedoria é um produto da lógica e da emoção.

A inteligência nos diz que dois mais dois são quatro. A sabedoria nos diz com quem devemos nos casar e qual carreira devemos ter para aumentar a felicidade. Creio que a inteligência seja a descoberta das leis naturais (por exemplo, a Física) e a sabedoria seja a aplicação dessas leis para a realização pessoal (viver uma vida plena e significativa). A sabedoria é a fonte da criatividade ou o toque humano.

Quando eu era criança aprendi a ler partituras, mas era um péssimo músico, pois não sentia a música. Meu pai não teve uma educação musical formal e não sabia ler partitura, mas era um músico talentoso, pois conseguia tocar de ouvido. Sua incapacidade de ler símbolos em uma folha de papel não impediu sua habilidade criativa de combinar sons de maneira agradável. Eu tinha conhecimento musical, mas meu pai tinha sabedoria musical.

Nós ampliamos nosso valor sobre os robôs quando aumentamos tanto nossa inteligência quanto nossa sabedoria. Portanto, pense em termos de não só desenvolver seu quociente de inteligência (QI), mas também seu quociente de sabedoria (QS).

Como mencionei, a sabedoria tem mais nuances do que a inteligência ou a lógica. Depois que você entende a matemática, é fácil determinar o produto ou a soma de dois números. Historiadores, sociólogos e psicólogos estudaram 10 mil anos de história da humanidade e, mesmo assim, prever resultados sociais está longe da precisão. O melhor que podemos fazer é buscar sabedoria e tentar evitar a arrogância.

Plano de Ação

1. Posso desenvolver minha _____habilidade em um sistema especializado de suporte à decisão.
2. Posso superar uma grande barreira comprando um sistema de suporte à decisão que faz _____.
3. Usarei os seguintes métodos para desenvolver meu quociente de sabedoria:

   a. _____
   b. _____
   c. _____

Capítulo 6

COMO DESENVOLVER SEU TOQUE HUMANO

Você está prestes a ler um dos capítulos mais importantes do livro, por isso é apropriado começar com um breve aviso. Para ser direto, o conceito de toque humano é um tanto, digamos... esotérico, ambíguo e amorfo. É um enigma absoluto e, portanto, muitas vezes ignorado, por não ser medido com facilidade. Eu o encorajo a prosseguir com uma mente aberta e a reler este capítulo mais de uma vez, tamanha sua importância.

Enquanto lê este capítulo, você deve brigar com o conceito de toque humano ser uma defesa viável contra ter seu emprego roubado por um robô. Muitos querem ouvir uma resposta rápida, como "estude ciência" ou "seja engenheiro". Infelizmente, não existe uma solução pronta e única. Tome cuidado com os especialistas que afirmam ter uma resposta fácil. Ela não existe.

O problema é simples, mas a solução é complexa. A ameaça é direta: os robôs vêm pegar seu emprego. A automação é mais rápida, mais barata e mais precisa do que você será. As máquinas são lógicas e ficam mais produtivas com repetições sucessivas da tecnologia.

O desempenho físico humano é finito e está atingindo seu auge. As pessoas não podem competir na arena da crescente produtividade. A solução parece ilusória, porque a habilidade competitiva necessária não está na esfera física.

Aí está a chave. A força necessária para competir contra a automação é nebulosa e não estruturada. Está defasada 180° em relação ao robô ordenado. A solução está envolta em mistério, porque a vantagem comparativa humana é difícil de quantificar.

No passado, muito do valor colocado no esforço humano era mecânico por natureza, mesmo entre profissionais habilidosos. Um operário era julgado com base em sua habilidade para realizar uma tarefa repetitiva. Ele era recompensado por ser uma peça confiável da engrenagem. Mesmo hoje, o condicionamento da era industrial dificulta o reconhecimento da importância do toque humano sobre o resultado mecânico.

Ao contrário das máquinas previsíveis, as ações humanas não são lógicas. Eles agem por emoção e podem provocar resultados incertos. Gerentes não gostam de incerteza e, por isso, preferem máquinas às pessoas. Isso é uma boa e uma má notícia para os empregados. Com o avanço dos dispositivos robóticos, mais empregos serão automatizados, principalmente os mais repetitivos. A perda de um trabalho é uma má notícia para o funcionário, mas a boa notícia é que os empregos que estarão disponíveis para os humanos serão menos mundanos.

É paradoxal, mas creio que o problema da irracionalidade emocional seja a solução para combater o controle pela automação. Os empregos que permanecerão serão mais apropriados para humanos. Eles valorizarão o toque humano sobre a rotina. Isso significa que haverá uma demanda por pessoas com sabedoria.

A confluência da emoção e da lógica é a formação da sabedoria. A sabedoria é superior à inteligência artificial. As pessoas só podem ter relevância na era da automação se forem mais humanas, não mais robóticas. Em suma, você deve aprender a desenvolver seu toque humano.

Siga sua Bússola Interna

Eu tenho seis filhos. Embora criados sob condições semelhantes, desde o nascimento cada um exibia atributos e traços de personalidade distintos. Seus interesses e paixões variavam muito. Alguns eram estudiosos, outros atléticos ou artísticos. Minha esposa e eu tentamos guiá-los ou empurrá-los em uma direção em particular, mas o curso final de cada criança foi direcionado principalmente por sua própria curiosidade inata.

COMO DESENVOLVER SEU TOQUE HUMANO

Meu caçula Ezra é um caso particular. Ele teve uma paixão obsessiva por carros em toda a sua vida. Quando bebê, ignorava os bichinhos de pelúcia, as bolas e os brinquedos de que seus irmãos gostavam. Ele só brincava com aqueles que tinham rodas. Um pouco maior, queria sentar no meu colo e aprender a "dirigir" o carro. Antes de ele conseguir identificar as cores ou ler, conhecia todas as principais marcas de automóveis. Ezra apontava para uma BMW prateada e exclamava: "Eu gosto daquela BMW vermelha!". No dia em que o levei para tirar sua carteira de motorista, ele me olhou com toda a sinceridade e disse: "Esperei por este dia toda a minha vida".

Conto essa história para ilustrar que, ao contrário dos robôs, os humanos podem sentir seu propósito. Eles têm uma bússola biológica evolutiva que os coloca na direção de suas capacidades. Desenvolver o toque humano é um processo pelo qual você alinha suas ações externas com seu senso de propósito interno. A dificuldade é que não há uma resposta correta ou um caminho exclusivo. Você saberá que está no rumo seguindo sua bússola biológica.

Ezra foi um menino com um amor inato por carros; sua bússola biológica sempre apontava na direção do objetivo de aprender a dirigir. Da mesma forma, sua paixão interna o levará a seguir atividades em sua área de interesse exclusivo. Assim como um líquido, os desejos humanos fluem para preencher o volume que confina nossas vidas.

A automação mudará nossas vidas em uma marcha rápida jamais vista na história humana. Os robôs vêm pegar seu emprego. As situações profissionais mudarão de formas e maneiras que ainda não podemos conceber. Seu lugar na sociedade parecerá obscuro, porque seu desempenho físico não é páreo para um robô. A curvatura da taxa de emprego mudou para sempre. Você deve fluir para preencher o novo vazio. Creio que o caminho exclusivo seja desenvolver seu senso instintivo de toque humano.

O que é o Toque Humano?

O que é toque humano? Ele pode ser definido, porém é mais difícil de descrever. O toque humano é a habilidade de criar. É um atributo humano singular. Todos os seres vivos podem se replicar, mas os seres humanos são a única espécie que pode criar além da sua própria. De bicicletas a hospitais, passando por isótopos nucleares, a humanidade organiza a matéria para criar coisas que não existiam antes. Os robôs são úteis apenas na tarefa que eles foram programados para executar. Eles podem aprender, mas não criar. Em sua forma mais pura, o toque humano é o processo criativo.

Leonardo & Lincoln

A destreza criativa da humanidade é infinita, do tolo ao sublime. Pode consistir em itens físicos como a Monalisa ou em um pensamento conceitual, como está escrito no "Discurso de Gettysburg". Esses dois exemplos demonstram a complexidade extrema da criação humana. O quadro de Leonardo da Vinci não mostra apenas uma mulher sorridente, mas uma obra de arte que cativou a imaginação humana por mais de 500 anos. Da mesma forma, o "Discurso de Gettysburg" não foi simplesmente uma apologia nem um discurso político. É uma retórica poética que foi usada para unir e curar uma nação caótica por quase dois séculos.

O Simbolismo do Simbolismo

O espírito do toque humano é evidente com o nosso uso dos símbolos. Eles transmitem informação em progressão conceitual. Os egiptólogos dizem que conseguem ler hieróglifos. Mas eles podem realmente captar todo o sutil sentido integrado? Nós não podemos saber, porque o contexto cultural foi extinto. Contexto é tudo. Meu avô usava a palavra "gay" (feliz em inglês) para descrever felicidade, já eu a interpreto como uma preferência sexual.

A palavra "hieróglifos" vem do grego *hieroglyphikos*, que significa literalmente "entalhe sagrado". A palavra "hierarquia" compartilha da mesma etimologia; significa "classificação em ordem sagrada". Hoje nós usamos o termo para descrever um sistema de organização. Os símbolos transmitem dados em uma hierarquia de cognição. O reconhecimento do sentido simbólico não se baseia na lógica matemática (1 + 1 = 2), mas na interpretação emocional.

O que você *sente* quando vê o escudo de seu time favorito em oposição ao escudo do time adversário? Um anel de diamantes

COMO DESENVOLVER SEU TOQUE HUMANO

representa apenas uma peça de joalheria? Seu emprego significa um meio de ganhar um salário ou uma vocação significativa?

Considere uma estrela de três pontas dentro de um círculo, o logotipo da Mercedes-Benz. O emblema representa muito mais do que simplesmente uma marca de automóvel. Dependendo de seu contexto cognitivo exclusivo, pode representar luxo ou elitismo.

Os robôs podem ser programados para interpretar símbolos, mas não conseguem *sentir* o significado. Você pode. E, ainda mais importante, pode criar uma impressão para os outros sentirem.

Sentimentos

Alguns dirão que os robôs ficarão sofisticados o bastante para desenvolver relacionamentos interpessoais. A inteligência artificial pode dotar os robôs de capacidades de criar vínculos emocionais, mas não creio que seja recíproco para os humanos. Observe como as pessoas criaram vínculos com a tecnologia no passado. Essa tecnologia não as impressiona, mas sempre muda a vida dos primeiros que a adotam. Água encanada, eletricidade, refrigeração, televisão... a lista é infinita. Todas essas tecnologias foram revolucionárias e recebidas com muito entusiasmo.

Apesar do amor das pessoas e da conexão com uma nova tecnologia, isso é passageiro. Assim como um encontro casual, a emoção acaba quando aparece um parceiro novo e mais sexy. Nos anos 1950, os consumidores adoravam a pequena tela em preto e branco de sua televisão. Quando a cor foi introduzida, eles não podiam esperar para trocar pela melhor versão, assim como fizeram quando os tubos de raios catódicos foram substituídos pelas telas planas. Esse é o rumo da tecnologia: o novo logo substitui o velho.

Quando um smartphone novo é introduzido, os consumidores acampam à noite para serem os primeiros na fila a comprá-lo. Eles não lamentam a perda do telefone velho. As pessoas choram quando seu bicho de estimação morre, mas jogam fora com alegria antigos aparelhos para trocar por algo melhor. Esse é o estado da condição humana.

As pessoas se apaixonam por coisas vivas e não por objetos inanimados. Exceto por aqueles com patologias sociais, essa é a natureza da humanidade, e não mudará. Os robôs vêm pegar seu emprego, mas eles não poderão substituí-lo se você for amado. As pessoas que aprenderem a usar seu toque humano para criar, prosperarão; aqueles que criarem sentimentos e laços emocionais com os outros terão sucesso.

TV em Preto e Branco

A televisão é uma forma fácil de compreender a natureza humana. Observe velhos programas de televisão em preto e branco dos anos 1950. Faça uma pipoca, pegue sua bebida favorita e curta algumas séries antigas como Perry Mason ou Dragnet. Note como suas vidas eram drasticamente diferentes sem celulares, ar-condicionado ou a internet. E, o mais importante, observe como a natureza humana não mudou. O tema dramático gira em torno de algo como homicídio, adultério ou ganância. Sempre foi assim e sempre será. Em vez de combater a natureza humana, aprenda a identificá-la e lucrar com ela.

Sabedoria

Conforme exploramos anteriormente, a sabedoria é o resultado do conhecimento guiado pela experiência humana. É o produto da lógica e da emoção. Nosso toque humano criativo tem sua origem em nossa sabedoria. O divisor que separa a sabedoria humana da inteligência artificial robótica é vasto. Pense nele como uma zona desmilitarizada que dará uma cobertura defensiva contra uma iminente invasão robótica.

Os robôs pensam com lógica, como foi caracterizado pelos humanoides estereotipados de Hollywood exclamando: "não comuto", ou a fala do dr. Spock de *Jornada nas Estrelas*: "bastante ilógico". Contrariamente ao senso comum, a força de precisão e a eficiência lógica do robô são seu tendão de Aquiles. O que o robô não pode computar, você pode sentir. Essa única vantagem afastará os humanos do ataque violento do desempenho superior da automação, tal como a anatomia simples dos polegares opositores diferencia os primatas de mamíferos muito mais fortes.

Dados, Coisas, Pessoas

A automação é bastante produtiva em tarefas rotineiras, mas não pode criar além dos limites de sua inerente programação. Com os avanços da inteligência artificial, os robôs poderão aprender, mas não criar. Trata-se de uma diferença sutil, mas é o fator determinante do valor humano.

Dados, Coisas, Pessoas

A Secretaria de Estatísticas Trabalhistas usa a Classificação Ocupacional Padrão para categorizar mais de 800 tipos de empregos distintos. Não é prático discutir o efeito da automação em cada um desses trabalhos. A resposta curta à questão de quais empregos serão mais afetados pela automação é a seguinte: são aqueles com mais rotina e com maiores salários. Esse conceito pode ser caracterizado facilmente pela profissão médica de altos salários que realiza tarefas rotineiras, como administrar anestesia ou analisar um raio X. Essas são tarefas complexas, mas também são previsíveis o bastante para um dia serem completamente automatizadas por um computador.

Como você pode determinar se seu trabalho está em risco? Em vez de considerar mais de 800 ocupações individualmente, acho que é mais construtivo analisar de maneira mais ampla três tarefas críticas que envolvem trabalho. De uma forma ou de outra, nós todos trabalhamos com dados, coisas ou pessoas. Quanto mais complexa a natureza do trabalho, tanto mais essas três tarefas tornam-se interligadas. Um lavador de pratos estará, provavelmente, lidando com coisas (pratos sujos), enquanto um advogado especializado em patentes decreto mergulhará profundamente em todas as três tarefas.

Os "dados" envolvem principalmente o trabalho com números. Contadores, atuários, analistas e cientistas da computação lidam com dados. Como os dados são matemáticos por natureza, podem ser facilmente automatizados com um algoritmo. Empregos que envolvem cálculos de baixo nível serão facilmente substituídos. Um contador que prepara declarações de imposto de renda pode ser o exemplo de uma função que será redundante. Por outro lado, aqueles que usam dados para criar conteúdo serão muito procurados. Obviamente, esses seriam os cientistas de computação que escrevem códigos, mas também incluiriam aqueles que podem interpretar os dados brutos em resultados significativos, como, por exemplo, um marqueteiro que interpreta os dados de consumo-compra e os converte em estratégias de vendas.

O termo "coisas" refere-se ao trabalho com objetos inanimados. Carpinteiros, pilotos e eletricistas trabalham com coisas. O efeito nos empregos nessa categoria será menos pronunciado do que na de dados. Substituir um eletricista que instala a parte elétrica de uma construção poderia ocorrer se casas e edifícios fossem pré-fabricados usando a construção modular desenvolvida em fábrica. Entretanto, seria muito difícil automatizar a reinstalação da parte elétrica em uma casa antiga. Pilotar uma aeronave pode ser automatizado, conforme demonstrou o uso de drones não tripulados. No entanto, em virtude da preocupação com a segurança e a percepção pública, é improvável que a aviação comercial se torne totalmente automatizada em um espaço curto de tempo. O mais provável é que a tripulação seja reduzida. Assim como operadores de rádio, engenheiros de voo e navegadores foram substituídos pela tecnologia. Um dia também os copilotos perderão seu posto. Pessoas que trabalham com coisas encontrarão oportunidades integrando muitos itens em um mecanismo ou serviço útil. Isso inclui o eletricista que pode instalar a rede elétrica em sua casa com sistemas de segurança e entretenimento fáceis de usar ou o capitão de cruzeiros marítimos que não só pilota o navio, como também cria uma experiência memorável interagindo com os passageiros.

O termo "pessoas" obviamente se refere a tarefas que fundamentalmente envolvem interação com seres humanos. Empregos de interação de nível baixo, como caixas de banco ou de supermercado, serão os mais fáceis de substituir. Serviços bastante interpessoais, como terapeuta ou advogados, serão mais difíceis de automatizar. Aqueles que conseguem cultivar laços emocionais fortes com seus clientes serão os menos prováveis de ser substituídos por um robô.

E, assim, os empregos mais seguros e de maiores salários serão aqueles que conseguirão integrar dados, coisas e pessoas. Pense em Mark Zuckerberg e no Facebook. Essa é a manifestação do toque humano, alinhando tarefas-padrão (dados, coisas e pessoas) com características humanas exclusivas (atributos de liderança e suporte) e criando algo novo (produto ou serviço). Enquanto encerramos este

COMO DESENVOLVER SEU TOQUE HUMANO 95

capítulo pensando como ser humano, reflita por um momento para onde sua bússola aponta.

Plano de Ação

1. Desde criança sou fascinado por:

   _____
   _____
   _____

2. Sonho acordado com:

   _____
   _____
   _____
   _____

3. O tempo voa quando realizo as seguintes atividades:

   _____
   _____
   _____

4. Meus *hobbies* favoritos são:

   _____
   _____
   _____

5. Atividades de que gosto no trabalho:

   _____
   _____
   _____

6. Liste as atividades que aparecem várias vezes anteriormente:

   _____
   _____
   _____

Sua bússola interna deve apontar para as atividades listadas no nº 6. Seu nível atual de felicidade provavelmente é proporcional a quanto os itens no nº 6 combinem com as atividades que você realiza com frequência no trabalho. Caso se sinta infeliz, deve buscar um emprego em áreas que permitam uma participação regular nas atividades listadas anteriormente.

Parte 2
Empreendedorismo

Capítulo 7

PENSE COMO UM EMPRESÁRIO

Eu enfatizo o conceito de seguir sua bússola interna por ser mais fácil trabalhar a favor da natureza do que contra ela. Você está na trilha certa quando se sente feliz. Assim como um lenhador tentando partir um tronco, a felicidade acontece quando suas ações externas cortam o caminho na direção de sua natureza interna. Isso não significa que você não sentirá dor ou desconforto. Se o que você está tentando não está funcionando, tente outra coisa. Faça um esforço. Buscar a felicidade não significa que nunca sentirá o estresse. O truque é ter certeza de estar combatendo na batalha certa. Não tente forçar a barra, pois será inútil, além do desperdício de energia. Impulsione-se contra a complacência que restringe seu crescimento. Você provavelmente descobrirá que, para criar uma novidade, precisará sair de sua zona de conforto e vivenciar coisas novas.

Pensar como um ser humano decerto era um conceito fácil de compreender. A conclusão lógica é que nós nunca seremos tão produtivos em tarefas repetitivas quanto um robô. Portanto, para termos sucesso, devemos focar-nos em nossas forças exclusivas, em nossa humanidade.

A próxima instrução cognitiva pode deixá-lo mais desconfortável. *Pense como um empresário e não como um funcionário.* Um empresário é alguém que organiza um negócio e assume um risco maior do que o normal. Mesmo se você nunca planejou tornar-se autônomo, deveria começar a pensar como um proprietário, porque, afinal, você é dono de sua carreira.

Há comparativamente poucos empresários, porque a maioria das pessoas não quer assumir o fardo do risco, temendo o fracasso. Os funcionários preferem a segurança de um salário regular. Se você ficou paralisado por esse medo primordial, precisa reconhecê-lo primeiro e então superá-lo tentando coisas novas.

Você nunca está velho demais para tentar coisas novas. Posso dar muitos exemplos de pessoas famosas que só tiveram sucesso quando viraram empresários tardiamente na vida. Eu mesmo fui um empresário tardio. Mas o exemplo que quero usar para tentar novas coisas envolve ainda mais de uma emoção básica: a relação amor-ódio. Por toda a minha vida, odiei os animais. Não que fosse cruel com eles, eu só os queria bem longe do meu cotidiano. Achava que ter um bicho de estimação era ridículo. Meu animal favorito era uma vaca, quando ela era servida como um bife.

Vamos acelerar para alguns anos depois. Meus filhos estavam crescendo e deixando o ninho. Eu precisava de uma distração, alguém com quem brincar. Ideia maluca: tive meu primeiro filhote aos 50 anos. Ele virou meu melhor amigo. Sou um amante de cães certificados. Ainda odeio gatos, mas isso funciona bem, porque meu cachorro também os odeia.

Não Quero Ser um Empresário

A era da automação criará oportunidades extraordinárias para aqueles que querem ser autônomos. Mas talvez esse não seja seu desejo. Sem problema! Para prosperar no futuro e derrotar o robô, você não precisará se tornar um empresário. Mas terá de pensar como um. Comece agora a se desafiar a pensar com criatividade. Pense em termos de agregar valor, resolver problemas e criar novos produtos e serviços. Seu empregador conseguirá comprar um robô que possa realizar rapidamente tarefas rotineiras. Pessoas criativas sempre serão necessárias.

Comece Devagar, Comece Agora

Como você abre sua empresa? Você prefere especializar-se ou ser um generalista? Deve vender local ou globalmente? Deve começar com um serviço e passar para um produto, ou vice-versa? Quem sabe? Apenas comece de algum lugar. Se não funcionar, tente de novo.

Eu conheço um dermatologista muito bem-sucedido com um consultório bastante lucrativo. Ele trabalhava, bem relaxado, oito horas por dia e nunca se estressava. Enquanto seus colegas médicos ficavam de plantão ou trabalhavam em longos turnos na sala de cirurgia, ele estava se divertindo com sua família. Perguntei-lhe sobre o segredo de seu sucesso e como ele estruturou um estilo de vida bem equilibrado.

Ele me disse que na faculdade de Medicina tinha muitas opções de prestígio e ele se qualificava para qualquer especialidade que escolhesse. Ele escolheu a dermatologia, pois parecia o modelo de negócio sustentável perfeito – não curaria ninguém, mas também não mataria ninguém.

Superficial? Talvez, mas ele ganhava muito bem por fazer o que adorava e seus pacientes eram excepcionalmente leais. O médico nunca os curava nem matava e eles voltavam felizes. Ganhou uma fortuna.

Você terá sucesso em seu conceito? Ele gerará milhões ou bilhões de renda? Você nunca saberá até lançar sua ideia. Comece pequeno, cresça e faça correções ao longo do caminho. Esse caminho simples levará a seu sucesso futuro.

Pessoal ou Transacional

Pense em sua renda dos sonhos e no lucro necessário para conquistá-la. De que maneira você atacará essa participação de mercado? Você tem três opções:

- Receber salário de um único empregador.
- Realizar pequenas transações com produtos/serviços de alto valor.
- Realizar grandes transações com produtos/serviços de pouco valor.

Sua preferência pessoal e a resposta do mercado por certo ditarão qual direção tomar. Todos os três métodos funcionam. Tenho uma amiga que ganha um bom dinheiro fazendo uma pequena margem em muitas transações. Seu modelo de negócios é automatizado para ser transacional e não pessoal. Os clientes pagam com cartão de crédito em seu site e ela não precisa oferecer individualmente um serviço. É a natureza de seu modelo de negócios.

Eu organizei minha firma com base em um modelo de *concierge* pessoal em que tenho um pequeno número de clientes, mas a taxa é de vários milhares de dólares. Conheço cada um pessoalmente e, se eles têm alguma dúvida, ligam em meu celular de dia ou de noite.

Minha amiga tem "consumidores". Tenho "clientes". É uma preferência pessoal. Nós dois ganhamos bem e temos patrões satisfeitos.

Você pode ganhar 200 mil dólares de duas formas:

- Duas mil transações de 100 dólares.
- Cem transações de 2 mil dólares.

O que você prefere? Qual delas seu mercado permitirá?

Emprego de Robôs

Um dos motivos para eu ser tão otimista sobre o futuro é que a automação reduzirá os monopólios, e as barreiras de entrada para aspirantes a empresários será pequena. A competição aumentará. Isso é bom para o consumidor e para o empreendedor.

Conforme resumido em um exercício anterior, você deve pensar um pouco sobre suas fraquezas ou desvantagens e que tipos de tecnologia pode "contratar" para reduzi-las. A automação tornará os robôs abundantes e acessíveis. Tire proveito deles.

Pense bem sobre a automação como tecnologia. Seu robô pode ser algo tão simples quanto um software que prepara sua declaração de imposto de renda ou tão complexo quanto um sistema especializado de diagnóstico. Use a tecnologia com parcimônia e adequadamente.

Uma tecnologia nova e aprimorada se desenvolverá a uma velocidade impressionante. Não compre mais do que você precisa atualmente, pois logo será obsoleto. Estabeleça-se para um período de nada mais do que três anos de retorno financeiro ou, preferencialmente, 18 meses.

Comece agora com um investimento mínimo. Meu negócio é muito lucrativo, e um dos motivos é que não preciso desperdiçar dinheiro em infraestrutura desnecessária. Quando minha firma precisa de mais memória de armazenamento no computador, compro mais. Quando aumentam os acessos no site, melhoro a banda larga. Não preciso de um supercomputador elaborado e caro para negociar ações. O equipamento mais caro em meu escritório é a cadeira Herman Miller Aeron onde sento. Ela custa mais ou menos o mesmo que um smartphone avançado. O design ergonômico tem mais de 20 anos e ainda é o melhor no mercado. Minha cadeira vai durar uma vida toda se usada direito. Um iPhone ficará obsoleto em 18 meses. A cadeira é um investimento mais precioso.

Em uma época em que algoritmos financeiros de alta tecnologia e consultores financeiros eletrônicos, os "robôs consultores", estão na moda, você deve achar que um administrador financeiro como eu precisaria de um site chamativo para ser competitivo. Não necessariamente. Na verdade, o site de minha firma não tem um design tão interessante.

Comecei minha firma com base na premissa de que ela cresceria organicamente com as referências de clientes satisfeitos. Não estava interessado em propaganda em massa para o público geral. Não quis um site colorido, porque não seria autêntico para mim. Não sou um cara extravagante. Dirijo um Subaru, não uma BMW, por escolha, não por necessidade. Minha riqueza foi adquirida por um investimento bem-sucedido no mercado de ações e frugalidade. Esse é o evangelho financeiro que prego. A clientela que sirvo é a classe média que ficou milionária por esforço próprio.

No início, preparei um site rudimentar alimentado pelo Word Press e depois pensei em deixá-lo mais impressionante. Mas, por acaso, o design simples se provou ser uma ferramenta de marketing poderosa, ou de um modo mais descritivo, um qualificador de perspectiva. O design simples de um site age como um filtro autosseletivo para diferenciar clientes em potencial.

Meu mercado-alvo, indivíduo rude que subiu na vida pelo próprio esforço, não é dissuadido pelo design insípido. Ele fica impressionado com o conteúdo de meus comentários sobre o mercado de ações e, por isso, contrata meus serviços. Por outro lado, aqueles que gostam de ser ostensivos não me contratam. Isso me poupa o trabalho de ter de excluir interessados que não seriam bons para minha firma. O site age como um recepcionista robô que me poupa de perder tempo com interessados inadequados. O "design" é gratuito, mas contratar um empregado humano para realizar a mesma função de recepcionista custaria pelo menos 30 mil dólares por ano. Isso não tem preço.

Automatize onde quiser, mas só quando o retorno financeiro puder ser obtido em um tempo relativamente curto. O que não pode ser feito com tecnologia, passe para autônomos capazes. Diminuir o número de empregados não só manterá as despesas gerais baixas, como também reduzirá muito a complexidade.

Financiamento

Os mercados financeiros movem-se em ciclos. Por mais de 30 anos, a economia americana passa por uma tendência de longo prazo de queda das taxas de juros. Atualmente, a dívida pública de curto prazo rende quase zero ou, em alguns casos, taxas de juros negativas. Se as taxas se estabilizarão ou diminuirão ainda mais é incerto, mas não creio que elas subam muito e voltem às alturas históricas tão cedo.

Isso significa que o dinheiro está "barato" e provavelmente continuará assim. Essa é uma boa notícia para os aspirantes a empresários que querem financiar sua empresa em desenvolvimento. Outra boa notícia é que as fontes de financiamento continuam crescendo. Antigamente, o endividamento no cartão de crédito era o único empréstimo disponível para muitos empresários iniciantes. Hoje há inúmeras fontes para o capital inicial, incluindo o financiamento coletivo não tradicional e empréstimos coletivos.

Existe um segredo para receber um empréstimo, seja de um familiar, de um investidor privado ou de um financiamento coletivo. O credor deve acreditar em sua capacidade de pagar.

Assim como um currículo deve comprovar para um futuro empregador que você tem talento criativo, seu pedido de empréstimo deve demonstrar um negócio que possa ser lucrativo. Como se faz isso? Demonstrando a demanda existente para seu produto ou serviço. Você consegue isso promovendo uma forma tangível de seu produto.

Prova do Conceito

Portanto, é um pouco como a charada do ovo e da galinha, mas conclui-se que, para receber o financiamento para que sua empresa possa crescer, no mínimo, você precisa de capital-semente o suficiente para desenvolver e promover uma prova de conceito (PoC, na sigla em inglês). A PoC não precisa ser toda incrementada. Um protótipo aproveitável costuma ser o bastante, desde que mostre o valor potencial de um produto em pleno funcionamento. Pense em termos da prática da indústria de software de lançar um programa parcial em uma versão beta. O inovador nunca acerta na primeira tentativa.

É um processo repetitivo, tal como as inúmeras tentativas de Thomas Edison ao inventar a lâmpada. Considere o sucesso da Apple; eles não inventaram o primeiro do nada – o computador, o tablet, o tocador de MP3, o smartphone... nada. O que eles fizeram foi pegar um produto existente e simplesmente o aprimoraram da melhor maneira.

Um modo rápido e eficiente de começar é desenvolver uma PoC. De pequenas impressoras 3-D à indústria terceirizada na China, a tecnologia facilitou muito mais do que em qualquer momento na história humana.

Comece pensando em um item tangível. Se você for um artista, pode criar um quadro ou uma música. No caso de um engenheiro elétrico, pode criar um sabre de luz. Apenas tire o traseiro da cadeira e leve seu conceito de uma ideia para uma coisa.

Depois disso, distribua amostras para a família, amigos e estranhos. Esteja aberto às críticas. Aprimore e inove com base no retorno do usuário do mundo real. Faça isso mais de uma vez. O custo para aprimorar uma PoC é muito mais baixo do que fazer modificações em um produto comercializado.

O próximo passo é levar a PoC ao mercado e ver se alguém compra. De novo, não precisa ser o produto final todo incrementado. Deve ser no mínimo um modelo viável e em perfeito estado de funcionamento de seu projeto final, e ele deve ser completamente seguro para operar. Vá lá e veja se ele vende.

Nunca houve tantas oportunidades, como as seguintes, para estabelecer um mercado inicial para seu produto ou serviço:

- Vendas em consignação em uma loja especializada em varejo.
- Encomendas em um site de financiamento coletivo.
- Propagandas gratuitas na Craigslist ou anúncios de baixo orçamento no Facebook.
- eBay, Etsy ou uma fachada de loja no Amazon;
- Colocação de produto em um blog especializado, podcast ou canal do YouTube.

Não vou insistir nos métodos de colocar seu produto no mercado. Essas fontes são tão vastas e variadas quanto será seu produto exclusivo. O ponto é que agora há mais opções disponíveis do que antes e elas se expandem rápido. Para ser sincero, se você não conseguir determinar como colocar inicialmente seu produto na frente dos primeiros consumidores, então provavelmente não foi criativo o bastante para desenvolver um produto viável. Não desperdice seu capital-semente contratando um especialista em marketing.

Até certo ponto, é como construir melhor uma ratoeira, ou aquela citação de *Campo dos Sonhos*: "Se você construir, eles virão". Você vai precisar de um empurrãozinho e provavelmente alguns incentivos, mas se tiver uma boa PoC, encontrará os primeiros consumidores. As vendas iniciais levam a um aumento das vendas, o que resulta em um fluxo de caixa positivo e, por fim, a lucros sustentáveis. Pode mesmo ser simples, mas tudo começa com a primeira venda.

Impostos Futuros

Pode parecer prematuro abordar o espectro das questões de impostos antes de você lançar seu conceito, mas não acho. No espírito de Stephen Covey: "comece com o final na mente"; creio que você deveria incluir estratégias tributárias desde o início, porque os custos de abertura de uma empresa podem ser deduzidos do imposto, mesmo se o projeto falhar.

Olhando para o futuro, tenho confiança de fazer apenas duas previsões sólidas: 1) os robôs estão atrás de seu emprego; e 2) o governo está atrás de seu dinheiro.

PENSE COMO UM EMPRESÁRIO

Não digo isso como algum manifestante maluco e reacionário contra os impostos. O fato é que essas duas consequências estão intricadamente ligadas. A primeira, os robôs provocando desemprego, torna a segunda incontestável. Uma maior taxa de desemprego exigirá do governo mais redistribuição de renda arrecadada dos contribuintes empregados para pagar os desempregados.

Se você planeja ganhar uma renda no futuro, precisa pensar antes em suas estratégias tributárias. Recomendações específicas estão além da alçada deste livro. Menciono o assunto apenas para apresentá-lo à necessidade do assunto. Em geral, essa é a última coisa que preocupa o empresário.

As consequências tributárias não são importantes apenas de um ponto de vista fiscal, mas também para a perspectiva do estilo de vida. Isso é novamente uma vantagem do empregador sobre o empregado e, muitas vezes, negligenciada.

Os empregados têm o imposto deduzido diretamente de seus salários antes de receberem. As opções para uma dedução de imposto legítima são escassas. O funcionário típico passa cerca de um terço de sua vida no emprego e tem os frutos de seu trabalho taxados em quase 50% depois de todas as jurisdições pegarem sua parte: imposto federal, estadual, local, sobre a renda, sobre a folha de pagamento, sobre as vendas, sobre a propriedade, sobre os ganhos de capitais, sobre a gasolina, pedágios, sobre uso, imposto especial de consumo, etc. Tudo isso vai piorar com o aumento da desigualdade de renda.

O empregador gasta tanto tempo no serviço quanto o empregado, no entanto, por ser o dono, ele pode qualificar-se para muitas deduções de impostos como resultado de despesas empresariais legítimas. Como funcionário, você passa seu tempo livre buscando atividades recreativas, hobbies e férias, todos pagos de seu próprio bolso. O dono nunca deixa o trabalho; ele é a empresa. Seu tempo livre é gasto entretendo clientes e desenvolvendo habilidades pessoais à custa da empresa. Quando o funcionário vai para o Havaí, são férias financiadas por ele mesmo, mas quando o dono vai, é uma viagem a negócios para visitar um cliente.

A diferença entre as despesas pré-imposto e a renda pós-imposto do empregado pode ser substancial. Para financiar voo e hospedagem para as férias no Havaí que custa 2 mil dólares, um funcionário com uma taxa de 30% precisaria ganhar 2.857 dólares (857 dólares vão para os impostos antes de o funcionário receber seus 2 mil dólares). Uma viagem de negócios de 2 mil dólares para o Havaí para visitar consumidores ou ir a uma conferência profissional é lançada como um pré-imposto de 2 mil dólares. (Consulte seu contador. Esse é um exemplo e não uma consultoria tributária.)

Como empresário principiante ou agente independente, você deve considerar maneiras de construir sua empresa de uma forma que complemente seu desejado estilo de vida. Assim como refinar seus primeiros projetos de prova de conceito, a fundação do negócio como estilo de vida é mais fácil de estabelecer no início do que no fim.

Mudança Estratégica ou Cabana de Caça?

Sam Walton, fundador do Walmart, nasceu em uma cidade pequena, mas não era um caipira. Ele cresceu em uma pequena cidade universitária onde também frequentou a universidade e se formou em Economia. Durante a Segunda Guerra Mundial, ele serviu como oficial da inteligência do Exército. Seu pai era banqueiro e seu sogro era um próspero rancheiro.

Quando adulto, Walton morou e trabalhou em várias cidades de tamanho médio, como Tulsa, Des Moines e Salt Lake City. A questão é, quando decidiu abrir uma empresa sozinho, por que ele se mudou para a rural e obscura Arkansas? Por que ali a propriedade imobiliária era mais barata? Foi parte de uma estratégia de nicho para atender à demanda no varejo de cidades pequenas mal servidas? O motivo mais provável era que ficava mais perto da família, de sua esposa e, mais importante para ele, o oeste do Arkansas é famoso pela caça às codornas.

A paixão de Walton era caçar pássaros. Seus cães de caça eram icônicos. A comida para cães do Walmart "Ol' Roy" recebeu esse nome em homenagem ao cachorro favorito de Walton. Quando perguntado por que ele dirigia uma caminhonete, Walton respondeu: "Onde eu deveria levar meus cachorros, em um Rolls-Royce?".

PENSE COMO UM EMPRESÁRIO

Ele era famoso por visitar as lojas da Walmart em locais fora de mão que, por acaso, ficavam perto de excelentes áreas de caça de codornas. Ele conseguia conciliar uma viagem de caça com uma visita às lojas. Ou era o contrário? De qualquer maneira, isso não importava. Walton adorava suas lojas, seus funcionários, seus cachorros e seus pássaros. Ele levava uma vida equilibrada que incorporava isso tudo. Nós deveríamos seguir seu exemplo.

Estabelecer um negócio como estilo de vida também é crucial para manter o equilíbrio em sua vida enquanto você persegue o objetivo final da felicidade. Independentemente dos incentivos fiscais, se você vai passar pelo menos um terço de sua vida trabalhando, deve fazer algo de que goste. Por exemplo, talvez você seja fanático por basquete, mas tem apenas 1,50 metro de altura. É improvável que seja escalado pelos Los Angeles Lakers como armador. Mas você ainda pode incorporar seu amor pelo esporte em uma carreira viável, como:

- Comentarista esportivo.
- Cinegrafista.
- Técnico.
- Olheiro.

Pelo menos, você poderia começar qualquer tipo de empreendimento comercial de sucesso e entreter seus clientes nos jogos de basquete. Conheço muitos vendedores medíocres que construíram uma carreira corporativa lucrativa com sua habilidade de jogar golfe com seus clientes.

Uma nota final sobre como monetizar seu toque humano pensando como empresário e não como funcionário: se você conseguir implementar com sucesso os métodos anteriores em seus planos, inevitavelmente, construirá uma empresa flexível. O benefício é que mesmo se os robôs não vierem pegar seu emprego, assim como o amianto, você ficará à prova de fogo.

Atualmente minha firma emprega apenas um indivíduo. Ele é brilhante e insubstituível. Mesmo se ele não fosse, seria improvável demiti-lo. Minha firma é uma prática solo: o funcionário exclusivo sou eu.

Plano de Ação

1. Minha ideia de negócios (ou a ideia para destacar sua competência profissional) baseia-se no seguinte conceito (produto ou serviço):

   _____

   _____

2. Eu tenho os meios (dinheiro e recursos) para desenvolver um protótipo simples que capture a essência de meu conceito?

   a. SIM: vá para o nº 3.

   b. NÃO: comece de novo no nº 1. Se um protótipo simples não puder ser criado para destacar a genialidade de seu conceito, há pouca probabilidade de que a ideia possa ser desenvolvida.

3. O protótipo:

   a. Conterá essas características principais que demonstram o valor de meu conceito:

   _____

   _____

   _____

   b. Não contém essas características, que serão incluídas no projeto final:

   _____

   _____

   _____

4. O custo para desenvolver meu protótipo é de: _____

5. Esse custo é justificável (estou disposto a aplicar meu dinheiro suado nessa ideia)?

   a. SIM: vá para o nº 6.

   b. NÃO: volte ao nº 1.

6. Desenvolva o protótipo para que amostras sejam distribuídas ou exibidas para prováveis usuários.

7. A crítica é:

   a. Positiva: vá para o nº 8.

   b. Indeterminada: o protótipo pode ser aprimorado com alguns ajustes: volte para o nº 2.

   c. Negativa: volte para o nº 1.

8. Meu conceito parece viável. Seguirei de modo semelhante para fabricar uma pequena quantidade de protótipos em funcionamento e tentarei vendê-los.

Capítulo 8

A VANTAGEM CRIATIVA

Há muitas teorias sobre a fonte da criatividade. Acredito que a criatividade resulte de quando o lado direito do cérebro, o hemisfério do sentimento, se ajusta com o lado esquerdo, mais prático. Essa obviamente é uma generalização simplificada, mas serve como um modelo para ilustrar a situação.

O hemisfério esquerdo do cérebro processa as funções lógicas, como matemática e linguagem. Essas funções lógicas são coisas que um algoritmo de computador pode facilmente imitar, agora ou em algum momento no futuro. Elas incluem o reconhecimento de voz, a tradução de idiomas, inúmeros cálculos matemáticos e quaisquer funções que resultem da lógica baseada em regras (se a = b e b = c, então a = c).

O aplicativo Siri pode responder a perguntas que tenham uma resposta lógica, mas não a dúvidas complexas baseadas em emoção. Ele pode lhe dizer onde fica o Starbucks mais próximo, mas não se você está a fim de um café quente ou gelado. Da mesma forma, os sistemas especializados de suporte à decisão serão extremamente eficientes em capturar o conhecimento humano e responder a perguntas baseadas em regras:

- Médica: o tumor é maligno ou benigno?
- Legal: há um precedente nas decisões judiciais anteriores?
- Mecânica: uma viga pode suportar a carga aplicada?

Essas funções são todas fundamentadas em leis e, portanto, previsivelmente rotineiras. A questão pode ser complexa, mas a solução pode ser reduzida a um algoritmo matemático.

Em contrapartida, a criatividade ocorre fora dos limites de um sistema com base em leis. Einstein, por exemplo, desconsiderou as leis da física de Newton para desenvolver a teoria da relatividade. Para prever a relatividade, Einstein construiu um exercício mental imaginando como seria cavalgar um raio de luz.

É aqui que a nuance do hemisfério direito do cérebro entra em ação. A exatidão é o domínio do hemisfério esquerdo, como o cálculo de uma equação física para determinar um exato movimento robótico. Por outro lado, o hemisfério direito do cérebro interpreta as dicas visuais e auditivas, transformando-as em sensações. A partir dessas sensações surgem emoções humanas exclusivas que criam trabalhos de imagem, como arte ou compreensão musical. A imagem criativa foi a essência da genialidade de Einstein, algo que um robô não tem.

Da mesma forma, um robô pode usar um software de reconhecimento facial para identificar os traços biométricos de um indivíduo. No entanto, o cérebro humano não só identifica os traços, como também tem uma resposta emocional à percepção da beleza da pessoa. Quando você olha para o rosto de alguém, por exemplo, a função do hemisfério esquerdo calculará as proporções geométricas dos traços daquela pessoa e o direito determinará se você acha esses atributos físicos atraentes. A beleza não está no olho de quem vê, mas no hemisfério direito do cérebro. Os computadores podem ser programados para reconhecer traços faciais e atribuir esses traços a normas de beleza aceitas. Entretanto, os computadores não conseguem interpretar a *paixão* emocional dessa beleza.

A diferença entre lógica e paixão ocupa a mesma humanidade intocável da sabedoria. Pense no que um robô pode criar com uma impressora 3-D. Em seguida, considere o que a genialidade de Leonardo da Vinci poderia ter feito com isso. Não tem comparação. Leonardo jamais perderia seu posto.

Limites da Lógica

Einstein não deixava seu senso de criatividade ser limitado pelo pensamento convencional. Da mesma forma, um *rapper* não segue as regras de um pianista clássico. Os robôs podem tocar ou compor obras musicais desde que seja estabelecido um estilo, assim como robôs-jornalistas podem seguir um modelo de mídia ou robôs-consultores financeiros podem executar uma negociação de ações. É apenas uma questão de executar um algoritmo com base em leis. Não é nada além do que seguir uma trilha que já foi marcada por um ser humano. Não precisa de criatividade, apenas imitação. O toque humano é superior, pois pode criar um conteúdo original para ser pioneiro em um novo estilo.

Como Encontrar Equilíbrio

Elvis Presley foi o rei do rock e Michael Jackson foi o rei do pop. Essas lendas da música tiveram vidas épicas. Eles criaram gêneros musicais que definiram a era em que viveram. Mesmo assim, apesar de sua fama e fortuna, esses homens tiveram vidas problemáticas caracterizadas pelo vício e pela dor. Esse costuma ser o caso com gênios criativos. Uma batalha interna entre o bem e o mal; uma luta para equilibrar prazer com dor. Pense nisso enquanto você tenta desenvolver sua própria criatividade. Para romper com o pensamento convencional, você deve desafiar o *status quo* e cultivar o pensamento com o hemisfério direito do cérebro. No entanto, a moderação aristotélica é necessária para manter os extremos da criatividade sob controle. A sabedoria origina-se quando a emoção é suficientemente controlada pela razão.

A criatividade é um compromisso entre os dois hemisférios cerebrais, um fundamentado na lógica e o outro na emoção. A mistura dos dois resulta em nossa habilidade humana, criando assim uma combinação infinita de características únicas. Um arquiteto usa mais o lado direito do cérebro do que um engenheiro; um artista usa mais o lado direito do que um arquiteto. Assim como uma boa parceria, a relação entre os dois hemisférios cerebrais nem sempre é igual, mas deve funcionar de forma harmônica. Muito de uma coisa é raramente bom, principalmente em se tratando de emoção. A lógica do lado esquerdo serve como um capataz para manter o lado direito criativo sob controle.

Eu gosto de pensar na criatividade como uma luta entre os dois hemisférios: a lógica contra o sentimento. De certo modo, é a antiquíssima batalha do bem contra o mal, em que a moderação costuma ser a melhor alternativa. Pense no estereotípico cientista distraído ou no artista excêntrico. Nós esperamos que um gênio seja estranho. Esse desprezo pelo convencional faz o gênio distinguir-se de seus colegas. É a essência da criatividade e é o que falta aos robôs. Como afirmado anteriormente, a inteligência artificial não é sabedoria artificial.

Picasso foi um gênio ou ele pintou bobagem? A obra de Dalí foi profunda ou pornográfica? Um robô não sabe dizer, não se importa nem consegue criar um estilo original. A arte, assim como todas as formas de criatividade, reside no domínio da mente humana. É difícil de descrever, não pode ser quantificado logicamente nem pode ser facilmente reduzido a um algoritmo. A genialidade é puramente humana. Você manterá o controle sobre a automação criando um conteúdo original. Mas é preciso ter cautela, pois ouvimos muito falar do artista na mesma situação, mas raramente do engenheiro passando fome. O elemento crucial é encontrar harmonia entre seus talentos.

Conteúdo Original

O conteúdo vem em muitas formas: obras de arte, descobertas científicas e simples atos de bondade. O conteúdo original pode ser realçado pela automação, mas não substituído. Considere um cirurgião habilidoso, cuja perícia logo está se tornando consumível pela robótica, como o Sistema Cirúrgico da Vinci da Intuitive Surgical.

O sistema proporciona ao cirurgião uma visão interna ampliada em 3-D, alta definição do corpo do paciente e o controle preciso de instrumentos minúsculos montados nos "pulsos" robóticos flexíveis. Ao contrário da laparoscopia tradicional, na qual o cirurgião manipula diretamente os instrumentos de fibra óptica, o sistema cirúrgico da Vinci traduz os gestos do cirurgião em movimentos menores e mais precisos. O erro humano pode ser reduzido com a correção de movimentos agitados e limitando a intrusão de fora dos limites cirúrgicos.

O sistema cirúrgico da Vinci pode ajudar um bom cirurgião a garantir ótimos resultados. É vantajoso para médicos e pacientes. O

A VANTAGEM CRIATIVA

paciente recebe um cuidado extraordinário de um cirurgião de habilidade mediana e, assim, a oferta (de cirurgiões qualificados) logo fica disponível para atender à demanda. Da mesma forma, é vantajoso para os médicos, tanto os bons como os ótimos. O cirurgião-geral mediano pode se aprimorar passando de simples apendicectomias para uma neurocirurgia complexa. O cirurgião talentoso pode gastar seu tempo em casos mais difíceis e criar procedimentos avançados. Na verdade, muito de seu tempo sem dúvida será gasto no desenvolvimento de sistemas robóticos que imitem sua habilidade superior, o que ajudará médicos menos habilidosos. A sinergia ocorre porque os médicos conseguem aumentar seu nível de produtividade. Todos saem ganhando. Bem, quase todos.

Quem perde é o cirurgião que permanece estagnado mantendo o *status quo* e não adota as novas tecnologias. Perde também aquele que ignora o serviço ao cliente. Lembre-se, o "conteúdo" vem de muitas formas, incluindo atos simples de gentileza. O serviço ao cliente superior pode ser classificado como conteúdo quando for personalizado para as necessidades exclusivas do consumidor.

No passado, um cirurgião cardíaco renomado poderia se dar ao luxo de ser indelicado, pois a demanda por sua habilidade era grande. Quando a tecnologia comercializa procedimentos médicos complexos, os médicos com atitude de diva serão evitados. O profissional da saúde de habilidade mediana melhorado tecnologicamente com uma conduta cordial e generosa será muito mais procurado. Esse exemplo é universal, pois aplica-se igualmente a cardiologistas ou a carpinteiros. Quando puderem escolher, as pessoas dão um grande valor à gentileza.

Construir Relacionamentos Pessoais

O ato de criar não se limita aos produtos físicos e serviços. Ele se estende a intangíveis como gentileza e amor. Como dito anteriormente, o conceito de toque humano pode ser obscuro. Essa é uma dessas áreas indistintas. O amor é uma emoção e não pode ser quantificado rigorosamente. Não há um mecanismo de descoberta para determinar seu valor monetário. Entretanto, o amor é muito valorizado. Aqueles que podem criar laços emocionais, como gentileza e amor, serão muito considerados e recompensados. Os robôs não conseguirão roubar esses empregos.

Seja um Astro do Rock

Por ter nascido em meio à Grande Depressão, minha mãe tinha uma perspectiva diferente comparada com a sua ou a minha. Sempre que fazia uma transação bancária, ela entrava no banco para ser atendida por um funcionário. Eu era um adolescente quando os caixas eletrônicos foram lançados e preferia seu conveniente acesso de 24 horas. Também fui um primeiro usuário do acesso pela internet.

Minha mãe adorava conversar com os atendentes porque, para ela, era uma interação social agradável. Para mim, é um incômodo evitável. Não que eu goste mais de uma máquina em vez de um humano, só prefiro lidar com uma máquina eficiente em vez de um ser humano que desperdice meu tempo.

Se o caixa fosse Warren Buffett ou Heidi Klum (senhoras, pensem em George Clooney), eu gostaria de ficar em uma fila longa para conversar com eles. Mas quando entro em um banco, nunca encontro Warren ou Heidi, mas a Nancy-Não--Sei-Nada.

O banco poderia expandir seus negócios e proporcionar uma melhor experiência ao consumidor se seus funcionários fossem capacitados por sistemas especializados de grandes volumes de dados. Um algoritmo de computador poderia motivar um caixa a dar aos clientes uma informação significativa baseada nos hábitos de gasto e poupança do cliente. Não apenas vendendo serviços bancários mais caros, mas também dando aos clientes recomendações relevantes. "Sr. Pugliano, se o senhor mudar para o cheque especial gratuito, pode manter um saldo menor em sua conta corrente e ganhar 200 dólares em juros adicionais."

Um caixa eletrônico ou o serviço de internet podem oferecer uma conveniência, mas não constroem a lealdade do consumidor. Um atendente criterioso que dá valiosas dicas financeiras e sugestões que evitam perda de tempo ajuda a estabelecer a reputação do banco como um recurso confiável.

Os bancos que constroem relacionamentos pessoais conservarão os clientes, aos quais venderão uma variedade maior de serviços financeiros.

Independentemente de seu tipo de trabalho, procure fornecer um serviço cordial, generoso e informativo àqueles com quem entrar em contato. Se quiser ser o preferido e não um robô, seja um *astro do rock*, e não uma Nancy-Não-Sei-Nada.

Como Criar Valor

Os robôs roubarão seu emprego se ele for rotineiro ou se puder ser reduzido a um algoritmo. A automação substituirá o simples e o complexo. Nenhuma profissão será poupada. A automação não substituirá o desconhecido, pois não pode. O desconhecido não é rotineiro. Não pode ser formulado em uma equação porque, bem, porque o resultado é... desconhecido.

O que é desconhecido? O novo. Coisas que são criadas do zero e nunca existiram antes. O telégrafo já foi novo, assim como o ar-condicionado. O que será novo no futuro? Sei lá. É desconhecido.

O que sei é que as profissões e carreiras que estão na fronteira do desenvolvimento de novos produtos e serviços de valor não serão substituídas pela automação. Portanto, sempre haverá uma demanda por carreiras e profissões que lidem com a criação de um novo valor.

A boa notícia é que todos podem participar, se criarem valor. Haverá necessidade de carpinteiros e cardiologistas, desde que sejam criativos. Quando o artesão, o médico, o advogado, a professora da escola dominical, etc. produzirem um produto ou serviço de valor, eles *criarão* a demanda.

Novos produtos e serviços que nós nem podemos compreender estarão disponíveis em um futuro próximo. Eles serão criados por pioneiros empreendedores, não por burocratas do *status quo*. O novo valor será criado rapidamente, abrindo oportunidade para coisas ainda mais novas. A tecnologia e os robôs tornarão o inventado ainda mais produtivo, formando assim uma espiral ascendente de oportunidade infinita... para os criativos.

Da Vinci era criativo. Ele pensou em coisas à frente de seu tempo, como submarinos, máquinas voadoras e o estudo da fisiologia humana. Imagine se ele tivesse uma impressora 3-D ou um sequenciador de DNA. Nascerão pessoas com o intelecto dele no futuro e elas terão acesso a essas ferramentas tecnológicas incríveis. Você pode não ser um Da Vinci, mas tudo bem. A genialidade inovadora dos outros melhorará sua vida e lhe proporcionará oportunidades para avançar em sua área de interesse, desde que você crie algo em seu nível. Não criei os produtos e serviços da Microsoft, da Apple ou do Google, mas usei suas tecnologias para avançar em minha carreira e melhorar minha vida.

Fatores Criativos Cruciais de Sucesso

Embora eu não possa lhe dizer especificamente o que você deve criar, posso propor dois fatores determinantes para auxiliar seu processo de descoberta. O primeiro fator de criatividade crucial de sucesso é compreender o valor, principalmente a percepção do valor que está no consumidor, não no criador. Isso pode parecer óbvio, mas é extremamente complexo, pois a preferência pessoal é bastante subjetiva. Assim como a moda, isso também pode ser transitório. O que você percebe como um serviço de valor pode não ter utilidade para mim.

A National Football League (NFL – Liga Nacional de Futebol) tem um faturamento de 13 bilhões de dólares; seu comissário nunca joga, mas recebe uma remuneração em torno de 30 milhões de dólares. Os torcedores têm um afeto fanático por seu time favorito. Entretanto, a NFL não tem nenhum valor para mim. Odeio futebol americano. Não tenho nenhuma preferência por esse esporte em nenhum nível, profissional, universitário ou escolar. Você provavelmente adora.

O contexto de valor deve ser do ponto de vista do consumidor, não do seu. Isso é dificílimo para muitos investidores e pessoas criativas compreenderem, porque eles têm um afeto pessoal profundo por seu trabalho. Uma pintora ama sua criação, pois foi ela quem a produziu. Ela sente a ligação intrínseca, pois é literalmente uma obra de sua mente. Mas o quadro não é vendido porque os outros não perceberam seu valor. Assim como a luta entre prazer e dor, o criador deve encontrar um equilíbrio entre seu próprio interesse e o que os outros valorizam.

Ironicamente, o segundo fator criativo crucial é a autenticidade. Embora deva criar para o benefício dos outros, sua obra não será extraordinária se não for autêntica para você. Se sua criação for apenas uma réplica da obra de outra pessoa, então é como uma mercadoria que pode ser produzida em massa por um robô.

O benefício da autenticidade é que ela não é facilmente contestada. Se você criar um valor exclusivo, os competidores acharão difícil ganhar vantagem. Considere o educador talentoso. Ele usa a mesma informação factual que qualquer outro professor. Mas seus alunos aprendem mais, pois ele apresenta o material de um modo que os inspira a aprender. Seus métodos de aula são exclusivos ao seu estilo pessoal de comunicação. Quanto mais distintos seus maneirismos, mais difícil será para alguém imitá-los.

A comediante Ellen DeGeneres pode contar uma história engraçada que cative sua atenção e o faça rir até chorar. Eu poderia contar a mesma coisa e ela não daria o mesmo resultado. O conteúdo de sua história pode não ser tão engraçado, mas seu estilo de apresentação é.

Felicidade e o Toque Humano

O toque humano é a habilidade de criar. É assim que as pessoas encontram um sentido em suas vidas. Educadores criam alunos aplicados. Comediantes criam piadas. Pais criam lares felizes. Nós todos podemos criar em nossa esfera de influência, em nossa área de interesse. As oportunidades são muitas. As únicas limitações são nossos próprios talentos.

Sua criatividade está no caminho certo? Ouça sua voz interior, observe para qual direção sua bússola biológica aponta. Esse é seu mecanismo de resposta autocorretivo. Se seu trabalho o deixa insatisfeito e estressado, você provavelmente não está seguindo um caminho bem-sucedido. Mesmo se seu resultado for excelente, terá um esgotamento emocional se estiver infeliz.

A felicidade anda em paralelo com o toque humano. Você provavelmente se sentirá mais feliz quando estiver engajado em projetos que se alinham com seus talentos e interesses. Sua bússola biológica sempre apontará na direção do que o faz feliz.

Buscar a felicidade energizará seu toque humano. O resultado será a criação de produtos e serviços autênticos muito valorizados pelos outros. Como criador, você será recompensado financeira e pessoalmente. Sua felicidade aumentará, melhorando ainda mais sua criatividade. Você terá criado um ciclo de respostas positivas que é mais produtivo do que o algoritmo de um supercomputador.

Plano de Ação

1. Fico feliz quando faço as seguintes atividades:
    a. _____
    b. _____
    c. _____

2. As atividades anteriores podem ser usadas para criar:
   a. Serviços
    1. _____
    2. _____
    3. _____
   b. Produtos
    1. _____
    2. _____
    3. _____

3. Posso criar conexões pessoais com as pessoas ao:
    a. _____
    b. _____
    c. _____

4. Como posso me tornar uma pessoa mais gentil?
    a. _____
    b. _____
    c. _____

Capítulo 9

UMA CARTILHA ECONÔMICA

Tecnologias vêm e vão, mas as leis econômicas permanecerão em vigor por serem fundamentadas na interação humana. Quando duas pessoas fazem transações, forma-se um mercado. O meio de transação baseia-se na tecnologia da ocasião, como o sistema de troca da era paleolítica ou a moeda da Reserva Federal de hoje. Embora o meio mude, a dinâmica do comércio permanece. Oferta e demanda invariavelmente determinam o preço, não importa se a moeda for wampum ou Bitcoin. Os mercados sempre existem, mesmo em sociedades como a Coreia do Norte, que tentam eliminá-los. Os mercados existem porque são uma expressão de nossa natureza humana.

Quatro Fatores de Produção

Os economistas separam a produção em quatro categorias: capital, terra, trabalho e empreendedorismo. Para nossos propósitos, a trilogia de capital, terra e trabalho pode ser pensada como ferramenta que o empreendedor utiliza para criar lucro. Capital, terra e trabalho são mercadorias inanimadas organizadas em produtos e serviços de valor pelo empreendedor. O empreendedorismo é essencialmente o que descrevo como a habilidade criativa do toque humano.

Um economista clássico diria que o trabalho não é uma mercadoria inanimada, pois ele é a contribuição do esforço humano. Nesse ponto está a mudança de paradigma da era da automação vindoura. Defendo que o "trabalho" não existirá na economia do futuro, porque nunca realmente existiu no passado. O conceito de trabalho é mal compreendido... mas, falaremos mais sobre isso depois.

Capital

Muitos pensam no capital como dinheiro. Mas em um sentido econômico, o capital é a ferramenta usada para transformar recursos naturais em produtos e serviços. Então, o dinheiro (lucros da operação de um negócio) é reinvestido no negócio para comprar ferramentas que o ajudarão a produzir novos produtos e serviços com mais eficiência.

- Os homens das cavernas usavam uma lança com uma ponta de pedra para aprimorar sua habilidade de caçar.
- Os operadores de máquinas utilizavam um torno mecânico para moldar uma haste metálica.

As velhas regras da alocação de capital serão aplicadas à era da automação. Os robôs apenas são ferramentas que os empreendedores usarão para transformar os recursos naturais em novos produtos e serviços. A perfuração direcional tornou as reservas de petróleo de xisto acessíveis economicamente e robôs no mar profundo tornarão prática a mineração dos leitos oceânicos.

Terra

Em um sentido econômico, a terra é um eufemismo para recursos naturais. A terra é o bem físico, bem como os recursos nela contidos: carvão, minério de ferro, solo fértil, árvores, plantações, etc. A terra sempre foi considerada um recurso escasso que deve ser administrado. Os robôs afetarão o valor da terra, mas não o princípio subjacente de que, até certo ponto, a escassez sempre existirá.

Áreas florestais e milharais podem ser colhidos e replantados de um modo sustentável se forem aplicados os princípios de uso da terra adequados. Assim eles são considerados renováveis. Os combustíveis fósseis, como o petróleo e o gás natural, são renováveis em teoria. Eles foram criados por processos naturais da terra e, com o tempo geológico devido, eles se formarão. Infelizmente para nós, o processo de renovação dos combustíveis fósseis está a eras de distância no tempo de vida dos seres humanos, tornando-os não renováveis para nossos propósitos.

Os avanços tecnológicos ajudarão na colheita eficiente e na utilização dos recursos naturais da terra. Na última década, por exemplo, o uso do fraturamento e das técnicas de perfuração direcional pela indústria do petróleo resultou na duplicação de sua produção nos Estados Unidos, algo outrora considerado impossível.

A tecnologia e a automação podem ser empregadas para melhor aproveitar a fartura da terra, mas esses recursos permanecerão escassos, assim como eram no passado. Independentemente da proliferação de robôs, o princípio econômico dos recursos naturais escassos se aplicará no futuro.

Trabalho: Fora da Equação

De meu ponto de vista, o trabalho não mais será considerado uma função de produção, pois, na realidade, nunca foi. Ele foi mal-entendido por causa de nosso entendimento limitado da automação. No passado, a intervenção humana foi um elemento necessário de emprego de capital (ferramentas). O homem das cavernas tinha de mirar e jogar a lança. O maquinista tinha de operar o torno mecânico. O capital não poderia operar isolado do esforço humano.

A tecnologia avançou a um nível em que a automação pode funcionar com uma contribuição humana limitada ou inexistente. Carros autodirigidos não precisam de motoristas, impressoras 3-D não necessitam de operadores. O trabalho nunca realmente existiu, foi apenas um termo mal aplicado para descrever a ineficiência das ferramentas. A mão de obra (esforço humano) era necessária porque a ferramenta não poderia operar sozinha.

Os robôs vêm pegar os trabalhos que usaram o talento humano distribuído indevidamente.

Empreendedorismo, Toque Humano Criativo

Creio que a produção consista em apenas três funções: terra, capital e empreendedorismo. O empreendedor usa apenas a habilidade humana para criar ferramentas (capital) que organizam os recursos naturais (terra) em produtos e serviços de valor. Esses produtos e serviços têm valor apenas para satisfazer as necessidades e vontades de outros humanos.

Pessoas serão relevantes e bem-sucedidas na era da automação por funcionarem como empresárias, um traço exclusivo dos seres humanos que não pode ser imitados por um robô.

Os robôs chegam para substituir a ineficiência, mas eles não eliminarão a necessidade de interação humana de qualidade. Pelo contrário, a tecnologia aumentará nossa habilidade de interagirmos uns com os outros. Enquanto você pensa em formas de monetizar seu toque humano, procure métodos antiquados que possam ser aprimorados com a tecnologia moderna.

Minha mãe viveu perto de uma mesma comunidade sua vida inteira. Ela manteve relacionamentos com amigos de infância, pois interagia com eles regularmente. Saí de casa aos 18 anos e raramente mantive contato com meus velhos conhecidos, pois viajei e morei em todo o mundo. Meus filhos são tão nômades quanto eu. No entanto, assim como minha mãe, eles mantêm velhos relacionamentos pelas mídias sociais.

Minha mãe sorria e acenava para um velho amigo no mercado. Meus filhos "curtem" uma foto postada por um amigo no Facebook. Em qualquer um dos casos, a interação é mínima, mas resulta no estabelecimento de relacionamentos duradouros.

Assim como a mídia social o ajuda a manter contato com velhos amigos, a tecnologia o auxiliará a oferecer um serviço pessoal primoroso para sua base de consumidores, que destacará seus atributos humanos exclusivos e os fará escolher você e não um robô sem vida.

O tipo de serviço é menos importante do que o estilo pessoal no qual ele é oferecido. Para ilustrar o ponto, conheça a Dra. Jill e o Handyman Jack (Jack Faz-tudo), dois indivíduos diferentes que usaram a tecnologia para revigorar modelos de negócios antiquados.

Ligações para Casa com a Dra. Jill

A dra. Jill deixou seu emprego estressante como médica socorrista para estabelecer uma prática médica familiar baseada no antigo modelo de ligações para a casa dos pacientes. Graças à tecnologia, ela raramente visita a casa de um paciente pessoalmente. Em geral, realiza seus exames pelo Skype e monitora os sinais vitais de seus pacientes via sensores portáveis, como Fitbit ou monitores de glicose sem fio.

O público-alvo da doutora é formado por cidadãos idosos de renda mais elevada com tipos leves de doenças crônicas, como hipertensão, diabetes e doença de Crohn. Em geral, seus pacientes têm estilos de vida bem ativos e possuem uma renda que permite arcar com seu serviço de estilo tipo *concierge*. Com a tecnologia, ela consegue monitorar sempre o problema de saúde de seus clientes, seja em suas férias na Europa ou enquanto eles entretêm seus netos na Disney.

Por ser médica socorrista, ela pode ter tratado até 50 pacientes por turno. Seus casos incluíam desde unhas encravadas até ferimentos à bala. O trabalho era interessante, mas não a preenchia. Ela trabalhava por muitas horas e nunca se sentia em controle de seu próprio destino.

Em sua nova função, ela tem apenas 200 pacientes. Como eles pagam em dinheiro, ela não precisa lidar com empresas de seguro ou reembolso do governo. Ela conhece cada um pelo nome e está em contato constante via Skype, telefone ou mensagem. A dra. Jill é bem remunerada e tem o controle da própria vida. Ela está felicíssima.

Handyman Jack (Jack Faz-tudo)

Handyman Jack não tem educação formal, mas é bom com as mãos e curiosíssimo. Depois de ser demitido de um emprego na indústria, ele começou a fazer bicos em bairros próximos até algo melhor aparecer.

Sua necessidade de capital inicial era mínima. Seu patrimônio consistia em uma velha caminhonete, uma escada alta e ferramentas variadas. Com alguns anúncios no Craiglist e propaganda boca a boca, ele logo estava ocupado limpando calhas, juntando adubo e pendurando luzes de Natal. Ele estava disposto a fazer tudo que as pessoas pedissem e, portanto, ficava ocupadíssimo.

Handyman Jack percebeu que havia muito mais trabalho para fazer, mas nem todos eram lucrativos. Então, em vez de adotar uma abordagem forçada, ele começou a analisar estrategicamente suas oportunidades.

Primeiro, ele desenvolveu uma base de dados de possíveis clientes nos bairros mais ricos. Isso foi feito com recursos gratuitos da internet. A planilha era uma versão gratuita do Google Sheets. Ele compilou a maior parte da informação procurando endereços.

Em seguida, ele começou a monitorar as mídias sociais para ver quais problemas os donos das casas tinham nesses bairros. Ao detectar uma tendência, ele aprendia a lidar facilmente com pelo menos parte do problema. Cada bairro tinha seu ciclo de vida e questões semelhantes apareceram ao mesmo tempo. Não importava qual era o problema e qual utensílio era afetado, desde exaustores até compressores de ar-condicionado, passando por portões de garagem automáticos, todos costumavam quebrar simultaneamente. Se o Handyman Jack pudesse resolver o problema de um dono de casa, decerto ele seria referido a vários vizinhos com o mesmo problema.

E, na realidade, ele sempre fazia mais do que apenas o trabalho para o qual ele tinha sido contratado inicialmente. Por exemplo, se o dono contratasse Jack para reparar um portão de garagem quebrado, como ele já estava lá e sua escada estava disponível, se ofereceria para trocar as baterias do detector de fumaça apenas pelo custo da bateria que ele comprava aos montes na Costco. Se ele fosse contratado para pendurar luzinhas de Natal, aproveitava para limpar as calhas, ao mesmo tempo. Os clientes adoravam seu serviço simples e honesto, e o chamavam sempre.

Handyman Jack agora tem uma lista de cerca de mil clientes ativos em bairros ricos próximos que atende regularmente. Ele está expandindo seu negócio instalando sensores que monitoram as condições ao redor de suas casas para poder tratar antecipadamente dos problemas, antes mesmo de o dono perceber. Agora ele trabalha metade das horas e ganha o dobro do salário que tinha quando era um operário na fábrica. Está felicíssimo.

Plano de Ação

Faça uma contabilidade de seu patrimônio com estas questões:
1. Tenho acesso a:
   a. Capital
   1. Quantia de dinheiro que possa ser investida para desenvolver um conceito de negócio:

UMA CARTILHA ECONÔMICA

129

2. Quantia de dinheiro que possa ser investida em classes de bens tradicionais (ações, títulos, imóveis):_____

3. Tenho os seguintes equipamentos ou ferramentas que poderiam ser usadas para desenvolver um conceito de negócios:

_____

_____

_____

b. Terra

1. Tenho a seguinte propriedade que poderia ser desenvolvida ou alugada para produzir renda:

_____

_____

_____

2. Meu imóvel contém os seguintes recursos que poderiam ser colhidos ou explorados para produzir renda (madeira, terra cultivada, direitos sobre as águas, carvão, etc.):

_____

_____

_____

c. Trabalho

1. Tenho as seguintes habilidades negociáveis que podem ser usadas para produzir renda:

_____

_____

_____

2. Posso contratar o seguinte talento para trabalhar em meu conceito de negócios:

_____

_____

_____

2. Levando-se em conta o que foi relatado, realmente tenho renda o suficiente para sustentar meu estilo de vida desejado?

a. SIM: Trabalharei com os recursos anteriores para criar sistemas de renda.

b. NÃO: Preciso continuar em meu emprego atual e economizar mais para construir meu patrimônio.

Capítulo 10

COMO MONETIZAR SEU TOQUE HUMANO

Conforme definido anteriormente, o toque humano é a habilidade de criar produtos físicos e serviços, bem como emoções intangíveis como gentileza e amor. O toque humano pode ser considerado um empreendedorismo, de um ponto de vista econômico, por ser a única contribuição humana necessária para a produção.

O empreendedor usa o capital (ferramentas) para organizar a terra (recursos naturais) em produtos, serviços e emoções. Para ter sucesso, você deve aprender a monetizar seu toque humano (esforço empreendedor), porque a produção é a fonte de riqueza.

Você pode pensar que não possui as características de um empreendedor por causa da definição limitada da palavra empreendedorismo, ou seja, proprietário de empresa. Para nossos propósitos, pense no empreendedor em um sentido econômico mais amplo: a criatividade humana necessária para produção. Portanto, seja você um autônomo ou um funcionário, para ganhar a dianteira da automação, deve ser um *criador*.

Economia Aplicada

Sr. Spock, o personagem fictício de *Jornada nas Estrelas*, disse certa vez: "Os computadores são excelentes e eficientes serviçais, mas não quero estar servindo-os". Como você está lendo este livro, provavelmente sente a mesma coisa. Então, como se tornar mestre em vez de serviçal? Vamos aplicar a economia básica.

Na velha teoria econômica da produção, o trabalho humano era um elemento crucial. Como afirmei anteriormente, creio que isso resulta de uma compreensão errada da ineficiência do capital e de uma má aplicação do talento humano. O trabalho foi um meio de avaliar o desempenho do homem ao realizar tarefas parecidas com aquelas hoje realizadas por máquinas. O trabalho era desumanizador porque a valorização baseava-se na precisão e na repetição, não na criatividade. Hoje e no futuro, a automação será tão produtiva que poderá chegar a precisar de pouca ou nenhuma interferência humana. Será ineficiente empregar mão de obra humana para completar uma tarefa que precisaria apenas de uma máquina. Os robôs vêm pegar esses empregos que usam mal o talento das pessoas.

No nível econômico mais baixo, um empregado só se beneficia de seu esforço desde que ele possa ser lucrativo ao seu empregador. O funcionário é remunerado com um ordenado por hora ou um salário para realizar uma tarefa necessária à empresa do empregador. O trabalhador é uma peça na engrenagem. Sua recompensa baseia-se tão somente no valor que o empresário coloca no esforço do funcionário.

Se a renda de um funcionário for de 20 dólares por hora, provavelmente ele gera para seu empregador cem dólares por hora, no mínimo. Isso não é extorsão, é economia simples. Se o empresário não lucrasse com a contratação do funcionário, por que ele o contrataria, para começo de conversa? Esse é o fato duro e cruel do comércio e o clima ficará ainda mais cruel para aqueles responsáveis por tarefas rotineiras. Com o avanço da tecnologia e a substituição da mão de obra humana pela automação, a capacidade de ganhos do empregado diminuirá ainda mais.

O funcionário usa os bens do empregador para complementar seu próprio esforço. Esses bens são as funções de produção tradicionais que discutimos anteriormente: terra e capital. A terra do empresário pode estar na forma de uma mina de carvão, um estaleiro ou uma fazenda. Ou ainda o terreno pode ter um valor com base em seu acesso a mercados, tal como o centro de Manhattan ou junto ao rio Mississippi.

O capital do empresário está na forma de ferramentas – coisas como redes de computador, equipamentos, infraestrutura e instrumentos –, sejam quais forem os itens que o funcionário precisa para ajudá-lo a realizar seu trabalho.

O funcionário só é remunerado por seu esforço individual. O empresário recebe sua renda pela implementação bem-sucedida de seu empreendedorismo:

- Seu esforço próprio.
- O esforço de seu funcionário.
- O aluguel de sua terra.
- O retorno no uso de seu capital.

O funcionário tem uma fonte de renda, enquanto o empresário tem quatro. De quem você acha que será o maior patrimônio?

Os funcionários quase nunca conseguem tornar-se independentes financeiramente, pois apenas são pagos por seus esforços individuais. Esses esforços raramente produzem grandes quantias de renda. A exceção é aquele empregado com habilidades extraordinárias, como um neurologista (profissional altamente capacitado); ou o zagueiro de um time de futebol (um atleta ou celebridade muito capacitado). A menos que você esteja em uma dessas áreas exclusivamente qualificadas, a chance de construir um patrimônio com base apenas em seu salário é mínima ou inexistente.

A armadilha da remuneração sempre foi o problema e é um dos motivos pelos quais, ao longo da história, apenas 5% da população tenha alcançado a independência financeira. A automação aumentará a desigualdade de renda, porque os empresários investirão nos robôs como equipamento capital para substituir trabalhadores menos eficientes. Os funcionários de baixa renda passarão a não ter emprego nenhum.

Exercício Mental de Trajeto

Ninguém sabe ao certo quais empregos permanecerão e quais serão substituídos pela automação. Para complicar as coisas ainda mais, o ato da automação criará categorias de trabalhos completamente novas que nunca existiram.

Considere o impacto de veículos autodirigidos. Em algum ponto no futuro, provavelmente eles reduzirão ou eliminarão a necessidade de carreiras como motorista de caminhão. O que não se sabe é quais tipos de novas ocupações serão habilitadas.

Vamos imaginar o futuro mediante um simples exercício mental. Suponha que os veículos autodirigidos existam e já estejam em uso comum, pelo menos entre os primeiros usuários de elite da tecnologia. Imagine a executiva de uma empresa, com uma renda elevada, que leva 45 minutos para chegar ao trabalho. Ela mesma começou dirigindo até o trabalho, pois não valeria a pena contratar uma limusine e um chofer. O custo da limusine e do motorista não seriam compensados pelo aumento de produtividade.

Ficar sentada no banco de trás da limusine apenas a deixaria um pouco mais produtiva do que dirigir, porque durante o percurso ela poderia fazer muitas tarefas. Enquanto ia de carro ao trabalho, exerceria várias funções profissionais, além das conversas normais por telefone por causa dos avanços no software de reconhecimento de voz: "Siri, faça isso... Siri, faça aquilo".

É aqui que o exercício mental fica interessante. E se nossa executiva pudesse usar os 90 minutos combinados (ida e volta) de seu trajeto diário para outros propósitos além da comunicação empresarial básica? Se ela pudesse utilizar esse tempo do trajeto para realizar outras tarefas, a economia de tempo seria mais de 390 horas por ano. Isso é igual a mais de 48 dias de oito horas de trabalho, o que equivale a quase dez semanas de tempo de trabalho.

Esse aumento na produtividade não está disponível só para ela, mas também para qualquer um que tiver recursos para comprar um veículo autodirigido. Sim, empresas de transporte usarão isso para melhorar a lucratividade dispensando motoristas de caminhão. Mas quais outros empresários visionários adotarão a tecnologia?

E o que dizer dos provedores de serviços que normalmente teriam alugado um espaço físico para o escritório? Imagine frotas de escritórios móveis usando veículos autônomos como base de operação. Dentistas, esteticistas, terapeutas, seja o que for, todos oferecendo seus serviços em escritórios móveis que capitalizam nessas recém-liberadas 390 horas do tempo de percurso.

Como isso funcionaria? Na manhã de segunda, o veículo autodirigido de seu advogado pegaria nossa executiva, onde ela receberia 45 minutos de consultoria legal a caminho do trabalho. Nessa noite, é a vez de a massagista realizar sua tarefa nela. Na terça, ela iria ao trabalho na academia móvel de seu personal trainer e naquela noite, ela voltaria para casa com o professor de piano. Isso continuaria por toda a semana até a sexta-feira à noite, quando ela voltaria para casa no salão móvel de sua esteticista.

Parece loucura? Talvez, mas não mais fantasioso de como nosso estilo de vida atual pareceria para minha avó, nascida em 1884. O ponto é que nós não podemos prever com certeza que tipo de empregos haverá no futuro. O que podemos fazer é seguir procedimentos empreendedores rentáveis que funcionarão em qualquer circunstância.

Currículo de Conceito Exclusivo

Como você chamaria um especialista que afirma saber exatamente quais empregos serão mais procurados no futuro? Um mentiroso.

Perguntam-me sempre quais carreiras serão as mais rentáveis futuramente. Se eu tivesse de escolher uma, de modo geral, escolheria a cibersegurança. Isso incluiria todos os aspectos de segurança da rede, desde a computação de grandes volumes de dados em nuvem até o controle do termostato de sua casa. O campo é vasto, variado e fértil para o talento humano no futuro.

Exceto pela cibersegurança, qualquer outro campo correrá o risco de tornar-se redundante, além de oferecerem oportunidades ilimitadas. Ainda haverá demanda para médicos, encanadores e advogados *criativos*. As pessoas ficarão doentes, as privadas ficarão entupidas e os criminosos cometerão violência. Pessoas criativas, de todos os níveis, serão necessárias para resolver esses problemas, como sempre. A diferença é que como os robôs realizarão facilmente tarefas rotineiras, humanos menos competentes (menos criativos) serão dispensados do emprego. Sem querer menosprezar nossos servidores públicos, mas quantos trabalhadores são realmente necessários no Departamento de Trânsito?

Se quiser manter seu emprego, seu currículo precisará ter apenas um tema: criatividade. Os empresários do futuro não se importarão com a escola onde você estudou porque seu sistema especializado de suporte à decisão conterá todo o conhecimento humano. Eles não se importarão com a rapidez com que você pode realizar uma tarefa, pois seus robôs trabalharão à velocidade da luz 24 horas por dia. Seu possível empregador só ficará impressionado com sua habilidade de criar novos conceitos. Novo, novo, novo.

O modo para destacar suas habilidades criativas de toque humano será demonstrando itens que você criou. Seu currículo, impresso em uma folha de papel, anexo a um perfil do Linkedin ou postado como vídeo no YouTube, só terá impacto se demonstrar resultados criativos.

O campo não importa, porque mercados diversos sempre existirão. Aqueles que conseguirão serão capazes de combinar a tecnologia emergente com coisas úteis. O título profissional pode ser carpinteiro, cardiologista, *chef*, capitão ou peão boiadeiro, a função será a de um integrador de tecnologia com novos produtos e serviços. Ponto final.

Agente Livre

Lembre-se, o funcionário só tem uma fonte de renda, o empresário tem quatro. Creio que, no futuro, aqueles que permanecerem empregados serão remunerados com planos de participação nos lucros que pagam os trabalhadores por sua contribuição geral, não apenas um ordenado ou salário por hora. Isso ocorrerá não como resultado da benevolência do empresário, mas para atrair talentos reais, da mesma forma como uma firma de advocacia oferece uma sociedade aos advogados com o melhor desempenho.

O efeito da tecnologia no emprego será uma faca de dois gumes. O software de produtividade monitorará o desempenho de cada funcionário até a contribuição individual nos lucros, identificando quem são os menos e os mais produtivos. Aqueles com uma contribuição mínima serão demitidos, enquanto o talentoso será recompensado. Os profissionais de maior sucesso receberão uma remuneração adicional não só para impedir que eles passem para a concorrência, mas, principalmente, para evitar que eles comecem sua própria empresa.

Walt Disney precisava de milhares de funcionários e associados para levar suas ideias às telas do cinema, incluindo ilustradores, atores, câmeras e fotógrafos, empregados diretamente por Disney ou por meio de parcerias com donos de cinemas independentes. Hoje, talentos criativos como Steven Spielberg podem trabalhar com menos de cem funcionários na DreamWorks. No futuro, ele precisará de um número ainda menor.

Unicórnios & Fábricas da Nike

Políticos escusos gostam de pontificar sobre trazer os "bons" empregos de volta à América. Conforme discutimos anteriormente, se e quando esses empregos da indústria voltarem, eles empregarão robôs, não pessoas. Isso não é novidade. As melhores práticas das empresas mais bem-sucedidas sempre foram as de reduzir os custos da mão de obra. Essa prática nunca mudará. Isso ocorrerá mais rapidamente com a tecnologia.

Os empregos de alta remuneração na indústria só podem existir desde que haja uma constante produção de artigos novos. Isso é devido ao princípio econômico dos rendimentos marginais decrescentes, por meio do qual em algum instante a otimização deixa de aumentar o rendimento. Assim, o valor não está na infraestrutura industrial, mas no processo criativo que alimenta a linha de montagem com produtos novos e inovadores para fabricar.

O unicórnio mitológico é como a fábrica da Nike, nenhum dos dois existe. A Nike vende 30 bilhões de dólares em calçados e materiais esportivos. A Nike não tem fábricas. Toda a produção é terceirizada para fábricas contratadas, a maioria na Ásia. Um tênis feito na Malásia por 2,50 dólares pode ser vendido aos consumidores americanos por cem dólares. O valor não está no processo industrial, mas no projeto e no marketing que criam laços emocionais com consumidores leais. Esse valor emana das habilidades de toque humano que são empregadas dentro dos muros do campus da Nike, em Beaverton, Oregon.

Plano de Ação

1. Eu criei o seguinte:

   a. Produtos ou serviços (pelos esforços do atual empregador ou pessoais):

   _____
   _____
   _____

   b. Criação artística (portfólio de pinturas, músicas, poesia, etc.):

   _____
   _____
   _____

   c. Conteúdo eletrônico ou digital (programas, aplicativos, sites, etc.):

   _____
   _____
   _____

   d. Hobbies ou interesses (trabalho com madeira, costura, paisagem, etc.):

   _____
   _____
   _____

   e. Social (comecei organizações, clubes, grupos em mídias sociais, canal no YouTube, etc.):

   _____
   _____
   _____

2. Dentre os itens anteriores, dê exemplos de aceitação do mercado (vendas, assinantes, downloads, etc.):

   _____
   _____
   _____

3. Incorporarei alguns dos exemplos anteriores em meu currículo para promover evidência de criatividade para futuros empregadores.

Capítulo 11

OPORTUNIDADES PROFISSIONAIS DO FUTURO

Então, quais são as melhores oportunidades profissionais para o futuro? O futuro é imprevisível e seria ingenuidade acreditar que se possa fazer uma lista com os empregos mais resilientes. A incerteza sobre os avanços tecnológicos impossibilita a elaboração de uma lista específica, mas apresentarei alguns temas gerais.

Neste capítulo, usarei exemplos que envolvem profissionais ou mecanismos médicos. Isso não quer dizer que os médicos serão afetados desproporcionalmente pela automação, isso é apenas um ponto para exemplificar. Enquanto você lê esses exemplos, tente aplicar as circunstâncias à sua situação.

Funcionários Administrativos *Versus* Operários

Antes de você desconsiderar totalmente alguns empregos de menor prestígio, pense novamente nos exemplos da dra. Jill e do Handyman Jack. Esses são dois negócios que podem funcionar dentro dos limites da economia atual. Seus modelos de negócio simples estão estruturados ao redor da prestação de um serviço de cuidados personalizados. *Grosso modo*, eles atendem em domicílio. Os serviços que oferecem são bem diferentes. Sua formação educacional e qualificações são opostas. Ela tem uma formação em Medicina e é licenciada pelo estado; ele não tem educação formal, mas tem habilidades mecânicas. Apesar da disparidade educacional, os dois são bem pagos e estão felicíssimos com suas escolhas.

A discrepância entre a dra. Jill e o Handyman Jack ilustra as possibilidades profissionais para empresários autônomos do futuro que deixam de trabalhar para o intermediário corporativo. Em geral, no caso do autônomo há uma margem de lucro menor entre as rendas do profissional administrativo e do operário. A dra. Jill pode ter uma carreira de maior prestígio, mas sua capacidade de rendimento vitalício não é muito melhor do que a do Faz-tudo sem educação formal. A doutora teve de gastar décadas da vida e uma pequena fortuna para receber um diploma de médica; o Faz-tudo não teve nenhum desses custos de oportunidade e conseguiu começar a gerar um fluxo de caixa desde o primeiro dia.

O denominador comum de seu sucesso é a habilidade de ganhar a vida provendo serviços com base em seus talentos individuais. Eles aprenderam a usar a tecnologia para criar um modelo de negócio no qual eles podem monetizar seu toque humano exclusivo. Cada um ganha uma renda substancial, pois atende a um nicho da economia que combina muito bem com seus traços de caráter. Essa é a essência da monetização do toque humano. Demonstra também uma relação improvável, mas potencialmente simbiótica entre os dois provedores de serviço. Ambos podem beneficiar-se dos serviços do outro: Jill pode contratar um faz-tudo e Jack precisa de um médico da família. Além disso, como eles não concorrem entre si e servem a uma clientela rica, é provável que poderiam beneficiar-se do compartilhamento de listas de clientes. Então, ao contrário do que se possa supor, um médico e um Faz-tudo têm mais em comum do que imaginamos.

Eu insisto nas virtudes do empreendedorismo em pequena escala porque, embora milhões perderão seus empregos para um robô, os mais criativos que correm esse risco encontrarão um nicho lucrativo. Pode não ser uma profissão liberal, mas renderá um dinheiro acima da média. Vale a pena enfatizar esse ponto, pois creio que nossa sociedade glamourizou a educação universitária em detrimento das carreiras técnicas mais práticas. Conforme discutido anteriormente, empregos rotineiros serão os mais fáceis de serem substituídos por robôs. A demissão ocorrerá *tanto* para funcionários administrativos quanto para operários se suas funções puderem ser reduzidas a um algoritmo. Uma educação formal não necessariamente será uma garantia de emprego rentável. Ainda haverá vários empregos de menor

OPORTUNIDADES PROFISSIONAIS DO FUTURO **141**

prestígio lucrativos, desde que eles não sejam facilmente replicados por um programa de computador. Será difícil automatizar eventos não rotineiros e descentralizados como desentupir privadas, consertar equipamentos quebrados e lidar com acidentes. Pessoas ainda serão necessárias para atender e consertar esses problemas. Empregos qualificados pagarão bem. Só não haverá tantos quantos existem hoje.

Espelhando a Tendência do Setor Industrial

A situação geral do emprego no futuro será parecida com o que já ocorreu no setor da indústria americano. A produção industrial nunca foi tão grande. Atualmente, os Estados Unidos produzem mais de 6 trilhões de dólares em produtos. Isso faz do setor industrial americano maior do que todo o produto interno bruto de todas as nações, com exceção da China.

O problema para trabalhadores procurando empregos na indústria é que todos aqueles produtos "fabricados nos Estados Unidos" são feitos com menos de 12 milhões de pessoas. Menos de 9% da população têm emprego no setor industrial, a menor taxa da história. A triste realidade é que empregos bem remunerados no setor industrial ainda existem nos Estados Unidos, só não há tantos quanto em décadas passadas.

A boa notícia da indústria americana é que os empregados na área têm alguns dos melhores empregos do mundo. A má notícia é que apenas 12 milhões de colocações estão disponíveis em um país habitado por mais de 300 milhões de pessoas. Essa tendência de declínio no emprego acelerará à medida que os trabalhadores humanos (sejam operários ou profissionais liberais) forem substituídos por robôs em números cada vez maiores.

Pense Fora da Estrutura Corporativa

Eu fico enfatizando o empreendedorismo porque a maioria das carreiras no futuro existirá fora da estrutura corporativa tradicional. Isso porque a tecnologia gera produtividade. As empresas investem capital para reduzir os custos com a mão de obra cara, reduzindo assim o número agregado de empregos corporativos disponíveis.

Os funcionários do Facebook são 15 vezes mais produtivos do que os trabalhadores da General Motors. Cada funcionário do Facebook gera 1,25 milhão de dólares de lucro bruto. Por causa do enorme potencial de rentabilidade, o dinheiro dos investidores corre para as empresas de mídias sociais, enquanto as montadoras de automóveis são deixadas agonizando. A afluência do capital de investidores criará mais empregos em empresas produtivas como o Facebook. O problema para os candidatos a um emprego é que o Facebook emprega 200 mil pessoas a menos do que a General Motors. Essa disparidade de emprego é a tendência incontestável do futuro. Por isso, creio que as pessoas precisarão criar suas próprias oportunidades de trabalho.

Solução de Problemas

Trabalhar por conta própria não precisa ser complicado, por isso fico me referindo aos negócios de serviços da dra. Jill e do Handyman Jack. Os clientes de Jack não se importam com credenciais, eles apenas querem os projetos domésticos, que não podem ou não querem fazer sozinhos, concluídos. Empregos como o de Jack são aqueles que provavelmente não serão feitos por um robô, nem podem ser terceirizados para fábricas com mão de obra barata no exterior. Portanto, esses trabalhos manuais merecerão um salário melhor. Além disso, como muitos desses empregos ocorrem por causa de um evento espontâneo que requer atenção imediata (como uma privada entupida ou a queda de um raio, por exemplo), os consumidores estarão dispostos a pagar bem para resolver a questão rapidamente. Os consumidores sempre pagam pelo desempenho e pela conveniência. Resumindo as grandes empresas não conseguirão resolver todos os problemas com eficiência usando a automação, deixando muitas oportunidades de nicho para os empreendedores.

Então, qual é uma boa carreira para o futuro? Qualquer função profissional que diretamente resolva problemas. A triste situação para muitos profissionais será que a tecnologia fará dessa habilidade uma mercadoria. Esse é o calcanhar de Aquiles que sabotará muitas profissões administrativas que hoje são consideradas de prestígio.

OPORTUNIDADES PROFISSIONAIS DO FUTURO

Considere como algo tão inócuo, quanto o LegalZoom ou o Turbo-Tax, diminuiu o preço dos serviços legais e tributários. No caso de situações simples, um cliente pode elaborar um testamento ou calcular o imposto de renda por menos de cem dólares. Com a tecnologia, os consumidores conseguem encontrar soluções de baixo custo que evitam o uso de um profissional caro. Uma notícia boa para os consumidores, mas ruim para advogados e contadores.

Robôs na Medicina

Os consumidores buscam a solução do custo mais baixo que seja adequada para resolver seu problema. A automação e a tecnologia estão rapidamente criando produtos que dispensam a necessidade de uma consulta com um profissional humano caro. Continuando com o tema médico, considere as soluções dignas de ficção científica que estão hoje disponíveis no mercado. Há 30 anos, era impossível para um indivíduo mapear seu próprio DNA. Hoje, um *kit* de DNA pode ser comprado na 23andMe por 99 dólares, sem a necessidade da intermediação de um médico ou geneticista.

Há *kits* e sensores eletrônicos disponíveis que podem ser usados sozinhos ou combinados com um aplicativo para smartphone para diagnosticar ou monitorar muitas condições médicas comuns. Há vários adaptadores para smartphone aprovados pela FDA (Food and Drug Administration) atualmente no mercado. A AliveCor fabrica um aparelho que registra a frequência cardíaca para detectar a fibrilação atrial, a GluCase faz um monitor de taxa de glicose no sangue para diabéticos, o adaptador da ThermoDock registra a temperatura corporal. Há ainda mais aparelhos sendo desenvolvidos ou aguardando a aprovação regulatória. A Universidade de Columbia está desenvolvendo um adaptador de smartphone em forma de fita cassete microfluídico que pode diagnosticar doenças infecciosas graves, como HIV e sífilis.

Esses aparelhos, com a aprovação pendente, revolucionarão a forma pela qual os consumidores (doentes) recebem o cuidado médico inicial. Considere o pai de uma criança com dor de ouvido. Hoje, a criança seria levada ao consultório médico para confirmar a presença de uma infecção. Na melhor das hipóteses, o pai perderá tempo com uma consulta cara e provavelmente exporá a criança a várias doenças contagiosas enquanto está sentada na sala de espera. Toda essa inconveniência por um diagnóstico relativamente simples de realizar.

A CellScope é uma empresa que fabrica um adaptador cônico que se encaixa sobre a lente da câmera de um smartphone. O aparelho transforma o telefone em um otoscópio, permitindo ao pai filmar o canal auditivo interno da criança. O vídeo pode ser enviado por e-mail para um médico para um diagnóstico remoto. Não há necessidade de ir ao consultório.

A progressão lógica do diagnóstico médico ao nível do consumidor será a de evitar completamente a análise do médico humano. No caso do aparelho da CellScope, por exemplo, em vez de pedir para um médico ver o vídeo, por que não usar um software de reconhecimento? O problema em adotar esse tipo de diagnóstico não se limita à praticabilidade tecnológica, mas deve-se aos limites regulatórios e legais. *Kits* e sensores podem substituir com facilidade os serviços de muitos médicos e técnicos de laboratório. Em circunstâncias complexas em que a supervisão humana for necessária para controlar a distribuição de medicamentos, um profissional médico mais acessível financeiramente, como uma enfermeira ou um médico residente, poderia ser consultado. As forças reguladoras e institucionais, que limitam hoje o diagnóstico médico do tipo faça você mesmo, agirão no futuro como moderadoras visando, no mínimo, à necessidade de reduzir os custos médicos.

A redução do custo dos serviços médicos será impulsionada pelas economias desenvolvidas e emergentes. As economias desenvolvidas, como os Estados Unidos, o oeste da Europa e o Japão, têm programas de assistência médica que não podem ser financiados por causa da desequilibrada demografia. A população idosa que recebe os benefícios da aposentadoria supera o número dos jovens trabalhadores tributados para subvencionar o valor total desse benefício. Para poder sustentar o sistema, os custos médicos terão de ser reduzidos para evitar a falência do sistema de assistência médica. Permitir o diagnóstico eletrônico que limita total ou parcialmente a necessidade de um médico humano caro será um método viável para cortar custos.

Diagnósticos por Robôs em Economias Emergentes

Ironicamente, a demanda inicial para serviços médicos tecnológicos pode ser impulsionada pelas economias emergentes mais do que por mercados maduros, como Estados Unidos ou Europa. O caminho para a implementação tecnológica seria semelhante à forma com que a tecnologia da telefonia móvel difundiu-se em áreas menos desenvolvidas da Ásia e da África. Essas nações menos abastadas não tinham sistemas de comunicação moderna porque não possuíam recursos para instalar uma infraestrutura cara com fios de cobre para telefonia. O problema foi resolvido com o advento da tecnologia de telefonia móvel, que providenciou uma rede de comunicação acessível porque as torres de celulares são escaláveis e muito mais baratas do que pendurar fios de cobre em postes de telefone. As instalações de telefonia fixa na Ásia nunca alcançaram os níveis de participação do consumidor vistos nos Estados Unidos e na Europa. No entanto, o uso da telefonia móvel cresce exponencialmente. Há mais de 1 bilhão de proprietários de celulares na China e mais de meio bilhão na Índia, ultrapassando em muito os 250 milhões de usuários nos Estados Unidos.

As economias em desenvolvimento pularam as redes de telecomunicação de cobre, assim como acredito que também dispensarão as instituições médicas ocidentais. Uma cidade pequena em uma nação em desenvolvimento pode não ter os recursos para recrutar funcionários para um hospital ou até mesmo empregar um médico de tempo integral, mas a comunidade consegue pagar em conjunto por um dispositivo de diagnóstico no smartphone. Esse dispositivo daria diagnósticos baratos que melhorariam drasticamente os problemas de saúde pública, como o combate à água contaminada e a identificação de uma doença contagiosa. Os problemas podem então ser resolvidos facilmente com substâncias químicas ou medicamentos baratos depois de ser adequadamente diagnosticados.

Como muitas dessas nações não estabeleceram instituições ou regulamentações proibindo o diagnóstico eletrônico, a adoção dessa nova tecnologia pode ocorrer primeiro nas economias emergentes. Os aparelhos são relativamente baratos e requerem um treinamento mínimo para ser operados.

Os fabricantes de medicamentos poderiam subsidiar o custo do aparelho para diagnóstico para criar um canal de vendas para a distribuição de seus produtos. O dispositivo seria um pequeno investimento exclusivo para a empresa farmacêutica, mas geraria vendas contínuas de medicamentos consumíveis.

A grande base de consumidores nas nações em desenvolvimento seria um incentivo para fabricantes de aparelhos médicos para produzir dispositivos baratos e fáceis de usar, de maneira parecida com aquela que ocorreu com os celulares. Os consumidores nas nações desenvolvidas saberiam do uso bem-sucedido desses aparelhos "não autorizados" em outros países, o que provocaria a decretação de uma lei para serem legalizados.

O Anestesista Automatizado

Em 2013, o FDA aprovou o uso do sistema de sedação automatizado da Johnson & Johnson's (J&J), Sedasys. Ele foi autorizado, a princípio, para procedimentos minimamente invasivos como colonoscopias. O Sedasys oferecia uma proposta de valor máximo com custos de procedimentos de 150 a 200 dólares, comparado com a taxa de um médico humano de 2 mil dólares. Os anestesistas são bem pagos por sua habilidade, algo em torno de 400 mil dólares por ano.

A sedação é um procedimento complexo, porém, sua função principal é um ciclo de biofeedback de decisões lógicas baseadas em regras.

- A frequência cardíaca do paciente está caindo abaixo do valor limiar:
  - Diminuir a dosagem da sedação.
- A frequência cardíaca do paciente está estável acima do valor limiar:
  - Mantenha a dosagem da sedação.

Essa análise acontece na mente do anestesista. É complexa, mas rotineira. Esse tipo de lógica pode ser programado em um algoritmo, por meio do qual um aparelho controlado por um microprocessador simples pode determinar a quantidade de

OPORTUNIDADES PROFISSIONAIS DO FUTURO

anestesia a administrar em um paciente. Computadores rápidos e sensores avançados reduziriam a administração de anestésicos a uma tarefa repetitiva que pode imitar as funções de um anestesista humano.

Como você pode imaginar, o aparelho teve uma recepção fria pelos médicos, principalmente pela Sociedade Americana de Anestesistas. Em razão das poucas vendas, em 2016, a J&J desativou o anestesista automatizado.

O argumento usado contra o aparelho foi uma questão de "segurança do paciente". Afirmaram que como algumas pessoas podem reagir de uma forma repentina e imprevisível à sedação, os cuidados ao paciente deveriam ser deixados nas mãos de um anestesista humano habilitado. Além disso, a sedação não diz respeito apenas à aplicação de drogas, mas também à administração física da respiração e das vias aéreas.

Suspeito de que há argumentos lógicos nos dois lados da questão. Embora o Sedasys tenha perdido a primeira batalha, a guerra na sala de operações está longe de acabar para a automação. A Associação Americana de Médicos e outros grupos médicos se oporão aos robôs, tal como os sindicatos de operários das montadoras, o United Automobile Works e o Rust Belt, combateram a automação industrial. No fim, a resistência será em vão.

Superando a Resistência Institucional

Parece impossível? Novas tecnologias podem ser rapidamente implementadas depois que a legislação e as instituições que proíbem seu uso forem eliminadas. Na verdade, a legislação nem precisa ser abolida se os consumidores decidirem ignorar a lei. A Uber é ilegal em muitas jurisdições por causa de leis arcanas favorecendo os taxistas contra os motoristas particulares. Mesmo assim, em 2016, a Uber faturou mais de 5 bilhões de dólares por seus motoristas.

A maconha é outro exemplo. Na lei federal americana, o uso, a posse, a venda, o cultivo e o transporte de maconha são ilegais. Ainda assim, 29 estados legalizaram a *cannabis* em pelo menos alguma

148   A CHEGADA DOS ROBÔS

forma. Em sete desses estados, é legal até para uso recreativo. Então, ao mesmo tempo que a maconha era ilegal na lei federal americana, em 2016 a indústria da maconha sancionada pelos estados teve vendas legais superando os 7 bilhões de dólares. Foi o setor de crescimento mais rápido da economia americana. Como disse Victor Hugo: "Nenhum exército pode parar uma ideia cuja hora chegou".

Instituições estabelecidas sempre são contra mudanças. É o propósito de sua existência para manter o *status quo* para proteger seus membros. No entanto, a tecnologia cria uma força opositora que vai ganhando força até superar a resistência institucional. Conforme discutido anteriormente, os sistemas especializados de suporte à decisão tornarão desnecessária grande parte da educação exigida atualmente. Organizações de profissionais, como a Associação Americana de Médicos e a Associação Americana de Advogados, farão seu melhor para deter o inevitável. No futuro, médicos e advogados medíocres enfrentarão uma competição ferrenha dos sistemas de diagnóstico automatizado que podem identificar com rapidez uma doença obscura ou lembrar um precedente legal ambíguo. O conhecimento adquirido em décadas de treinamento profissional se tornará corriqueiro com o uso de um aplicativo simples para smartphone. Profissionais competentes que sobreviverem serão aqueles como a dra. Jill que podem abrir um nicho de mercado combinando serviço pessoal, conhecimento médico, tecnologia e perspicácia para os negócios.

Adotando a Inovação

Profissionais altamente qualificados não precisam se desesperar quanto aos seus futuros, visto que estão dispostos a usar sua educação para aumentar seu toque humano inato. Pense em uma instituição médica reconhecida em todo o mundo e a Mayo Clinic decerto virá à sua mente. Muitos ficarão surpresos ao saber que o principal campus da Mayo Clinic não fica em uma área metropolitana bonita, como Manhattan ou Beverly Hills. Muito pelo contrário, ela se origina da humilde prática médica do dr. William W. Mayo, que se radicou depois da Guerra Civil na cidade remota e insípida de Rochester, Minnesota.

OPORTUNIDADES PROFISSIONAIS DO FUTURO **149**

A carreira de Mayo foi transformada durante a revolução social e tecnológica que ocorreu durante o meio e o fim do século XIX. Ele nasceu na Inglaterra e sua educação formal foi em química. Mayo então imigrou para os Estados Unidos e depois migrou para o Oeste. Assim como as pessoas de sua época, seu caminho profissional foi vasto e variado. Inicialmente um farmacêutico e médico, ele também foi empregado como recenseador, fazendeiro, operador de balsa, juiz de paz, prefeito, oficial do exército, editor de jornal, senador, operador de barco a vapor e alfaiate – experiências diversas que sem dúvida contribuíram para sua abordagem à prática da Medicina baseada em resultados.

Mayo, com seus dois filhos, desenvolveu uma prática médica que foi rápida em implementar tecnologias pioneiras, como o microscópio e os antissépticos cirúrgicos. Adotar sem demora tecnologias avançadas transformou a comunidade atrasada de Rochester em um ímã para pacientes e excelentes talentos médicos. As conquistas da clínica são lendárias, incluindo um Prêmio Nobel em Medicina pela descoberta da cortisona.

O sucesso da clínica Mayo pode ser resumido em sua herança de adotar a tecnologia em vez de práticas convencionais e construir um time de médicos inovadores e de mesma opinião, dois atributos que todos nós deveríamos tentar imitar.

Plano de Ação

Enquanto você pondera sobre a viabilidade das oportunidades profissionais ou de negócios do futuro, é importante *cair na real* considerando seu potencial de ganho. Mesmo se você fosse um funcionário sem intenção de abrir um negócio próprio, este exercício é importante para avaliar seu valor como funcionário. Preencha as informações a seguir com base em um produto ou serviço real ou imaginário que você poderia criar.

1. Quero ganhar uma renda bruta de R$_____ por ano.
2. Posso vender meu produto/serviço por R$_____ a unidade.

3. Meu custo fixo por unidade é R$ _____.
4. Meu custo variável por unidade é R$_____.
5. Meu custo total por unidade é R$ _____. ($n^{\underline{o}}$ 3 + $n^{\underline{o}}$ 4)
6. Meu lucro por unidade é R$ _____. ($n^{\underline{o}}$ 2 – $n^{\underline{o}}$ 5)
7. Posso produzir e vender _____ unidades por semana.
8. Minha renda bruta anual seria de R$_____. ($n^{\underline{o}}$ 6 x $n^{\underline{o}}$ 7 x 52)
9. Você está sendo realista?
   a. O $n^{\underline{o}}$ 7 é possível?
   b. O $n^{\underline{o}}$ 1 é maior do que o $n^{\underline{o}}$ 8?

Parece muito simples? Talvez, mas como empresário tardio, usei um processo rudimentar semelhante para definir minha saída de um emprego seguro em uma empresa. O processo assegurou-me que minhas pretensões estavam na esfera da realidade. Cheio de confiança, persegui meu objetivo de ser autônomo em um campo onde eu não tinha nenhuma experiência profissional documentada. Em menos de três anos, ultrapassei meu antigo salário de seis dígitos.

Parte 3
Poupança

Capítulo 12

PENSE COMO UM POUPADOR

A substituição do trabalho humano por robôs provocará uma mudança econômica como jamais foi testemunhada. Grandes fortunas serão criadas e destruídas. Para você lucrar, deve informar-se sobre os mercados e ser ágil nas estratégias de negociação. O impacto dos robôs criará uma volatilidade no mercado enquanto as velhas instituições forem substituídas.

Nos capítulos restantes, discutirei uma grande variedade de tópicos econômicos que serão pertinentes quando a automação desorganizar a economia. Neste ponto, você aprendeu a pensar como um humano e um empresário. Agora deve aprender a raciocinar em termos financeiros, como um poupador e depois como um investidor. Esse é um conceito muito importante e negligenciado por muitos especialistas. Mas a lógica é direta: se os ganhos diminuem porque a automação abaixa o custo da mão de obra, então tirar renda de investimentos torna-se mais crucial.

Os próximos capítulos cobrirão uma lista extensa de tópicos de economia discutidos à luz do futuro robótico. Mantenha em mente que nem todos os investimentos têm peso igual ou são apropriados para todos. A qualidade das oportunidades de investimento variará com as tendências do mercado e a habilidade da pessoa em identificar valor, uma destreza exigida para monetizar seu toque humano exclusivo.

A intenção é cobrir uma grande variedade de possibilidades de investimento enquanto faço comentários para ajudar a desenvolver suas habilidades de pensamento crítico. O investidor novato será exposto a novos conceitos para um posterior estudo e o mais experiente terá estratégias a seguir.

A próxima informação deve ser importante para você, mesmo se não estiver interessado em investir. A compreensão do mercado aqui apresentada o ajudará a reconhecer quais setores da economia serão favorecidos pela automação e, portanto, onde buscar oportunidades de emprego ou empreendedorismo. Além disso, minha premissa é de que o custo da mão de obra se torne insignificante, os salários naturalmente diminuirão, aumentando assim a necessidade de uma renda derivada de investimentos e esforços empreendedores.

Realidade Econômica

Em um capítulo anterior, falei sobre a diferença na remuneração entre um funcionário e um empresário. O funcionário é remunerado apenas por seu esforço individual, enquanto o empresário lucra com o sucesso do empreendimento geral:

- Seu próprio esforço.
- O esforço de seus funcionários.
- Aluguel em sua mão.
- Retorno no uso de seu capital.

O funcionário comum raras vezes consegue ganhar um salário suficiente para se tornar financeiramente independente. Seu nível de habilidade não costuma ser competitivo o bastante para merecer o teto salarial. Portanto, para construir seu patrimônio ele deve tornar-se um proprietário ou sócio de uma empresa de sucesso.

A propriedade vem de muitas formas:

- Propriedade direta com responsabilidade da operação (como, por exemplo, esteticista, eletricista ou médico de família, autônomos).
- Propriedade direta sem responsabilidade na operação (como, por exemplo, um dono de franquia que emprega um gerente e funcionários).
- Propriedade de um bem alugado ou que renda dividendos (como, por exemplo, investimento em imóveis ou ações).

Os primeiros dois itens estão relacionados aos tópicos discutidos nos capítulos anteriores sobre empreendimento e métodos de desenvolvimento de seu toque humano exclusivo. Nas próximas seções, focarei no terceiro tópico, oportunidades de investimento que provavelmente serão lucrativas em um mundo dominado pela automação.

Tenha Ativos Rentáveis

Investir é complexo, mas o princípio subjacente é simples: ter ativos rentáveis. Isso é obviamente mais fácil de falar do que de fazer. Anteriormente, enfatizei que você deve *pensar como um empresário, não um funcionário, e como um ser humano, não uma máquina*. Da mesma forma, deve *pensar como um poupador, não um consumista*.

Consumistas compram coisas por necessidade e vontade. Poupadores fazem compras pela preservação do capital e retornos futuros. Em outras palavras, os poupadores põem sua renda suada em coisas (isto é, bens) que provavelmente valerão mais no futuro, ou pelo menos não desvalorizarão. Poupar requer a disciplina de adiar a gratificação e o discernimento para identificar valor, dois princípios cruciais que serão recompensados no provável ciclo deflacionário criado pela automação desenfreada.

Um consumista compra uma casa por gostar do jardim ou da cozinha. Um poupador compra uma casa porque a vizinhança tem uma tendência de valorização econômica e a casa, provavelmente, valerá mais no futuro. Consumistas vivem de salário em salário. Poupadores têm independência financeira.

Os poupadores põem seu dinheiro para trabalhar para eles investindo. Pense no investimento como cultivar bens, assim como um horticultor cultivaria verduras. As verduras vão crescer por causa de muitas coisas, incluindo luz do sol, temperatura, água e fertilidade do solo. Um horticultor pode controlar apenas algumas dessas condições, mas não pode proteger sua produção contra eventos incertos, como uma geada prematura. Desse modo, o horticultor deve ser prudente e vigilante ao plantar, transplantar, fertilizar e regar com base nas condições inconstantes do tempo.

O investimento de sucesso segue uma metodologia semelhante. Um investidor prudente "planta" seu dinheiro em várias oportunidades e, em seguida, monitora com cuidado como está "crescendo", dadas as condições do mercado predominantes. Se seus bens estão crescendo (forem rentáveis), ele os deixa lá, se não estiverem florescendo, ele os poda transferindo seu dinheiro para uma oportunidade diferente.

O conceito de monitorar ativamente e ajustar a distribuição de bens não é familiar para muitos investidores por causa da popularidade da estratégia do preço médio ou a prática de comprar investimentos com frequência, independentemente das condições do mercado. O setor financeiro promove muito essa prática. Creio que essa estratégia seja mais benéfica para firmas financeiras do que para o investidor individual. Sua ênfase está sempre em "comprar", raramente em "vender". Além disso, o setor financeiro dificilmente aconselha a não fazer nada e apenas permanecer em uma posição segura de caixa. Ele lucra quando os consumidores compram investimentos, não quando o dinheiro fica guardado em segurança em um banco ou conta remunerada.

Quando os robôs perturbarem os mercados financeiros e os funcionários começarem a perder empregos, as empresas não competitivas se tornarão obsoletas. Empresas inteiras serão fechadas. Esse impacto será devastador para os investidores que apenas comprarem índices gerais de mercado, em vez de comprar de forma seletiva ações de companhias que provavelmente lucrarão com a automação.

A Extinção da Lista Telefônica

As mudanças na tecnologia sempre tiveram efeitos devastadores nas velhas indústrias. Há apenas 20 anos, havia uma indústria multibilionária próspera sustentada pela lista telefônica. (Crianças e adolescentes, vocês vão achar isso difícil de acreditar, mas, antes da internet, os endereços e números de telefone só podiam ser descobertos em uma lista telefônica. Cada área metropolitana tinha sua lista que continha informações de residências e comércios.)

Havia uma grande indústria dedicada a produzir esses volumes enormes. Lenhadores cortavam árvores para fazer o papel. Fábricas imensas produziam o papel e as tintas. Impressoras, encadernadores, vendedores de propaganda, entregadores – havia literalmente milhões de pessoas empregadas nesse setor. Como os dados sempre mudavam, os volumes de livros continham informações obsoletas e tinham de ser reimpressos constantemente. Não era muito eficiente, mas era uma forma fabulosa para muitas pessoas ganharem dinheiro. Onde estão atualmente essas empresas e seus funcionários? A maioria fora do mercado.

Os investidores que "compravam e mantinham" setores da economia que lucravam com a lista telefônica perderam dinheiro. Incluiu-se aí uma grande variedade de investimentos, de ações em empresas pagadoras de dividendos a propriedades de áreas florestais. A grande maioria desses investimentos era considerada uma "grande aposta", ou seja, empresas de primeira linha ou lugares seguros para aplicar o dinheiro da aposentadoria. Essas instituições estáveis que foram incorporadas por mais de cem anos acabaram sendo investimentos ao perderem seu lugar para a tecnologia.

Observe as Condições Variáveis do Mercado

Pense em algumas décadas atrás, antes da internet. Havia alguns indivíduos bem espertas trabalhando na indústria de papel. O setor pagava salários elevados e atraía pessoas talentosas e inovadoras. Elas precisavam ser inovadoras, pois era uma indústria muito competitiva, e as empresas que prosperavam sempre encontravam formas de fazer as coisas com um custo mais viável.

Em geral, a indústria adotou a tecnologia, até o ponto em que o papel veio a ser substituído pelo plástico. Entretanto, sua visão era míope e seu foco limitava-se a pensar em termos de substratos. Um substrato é um material físico que poderia ser impresso para transmitir informação, como um livro, uma revista, embalagens de doces ou caixa marrom. As fábricas de papel puderam ver a era da informação digital chegando, e é por isso que a grande maioria tentou adaptar suas máquinas para produzir materiais para embalagens em vez de apenas papel para impressão.

A ênfase em substratos as fez ignorar muitas oportunidades auxiliares, principalmente nas tecnologias emergentes da informação. A Mead Corporation, fabricante do onipresente caderno espiral, é um caso exemplar ao ignorar uma tecnologia emergente, no mesmo nível do fracasso da Kodak que não se preparou para a chegada da fotografia digital.

A Mead era uma empresa bastante inovadora. Sua propriedade intelectual e pedidos de patentes eram tantos que, no fim dos anos 1960, ela começou um projeto interno de buscar digitalmente documentos legais. A tecnologia era tão eficaz que, em 1973, ela a disponibilizou comercialmente para firmas de advocacia. O que ficou conhecido como LexisNexis começou como um arquivo eletrônico datilografado de casos legais em Ohio e Nova York. Logo virou um registro que pode ser buscado de todos os casos federais e estaduais dos Estados Unidos e, o que é mais importante, uma base de dados das principais notícias. Foi revolucionário. Advogados e jornalistas foram os primeiros usuários e pagavam generosamente pelo serviço.

O LexisNexis foi tão lucrativo que, em 1994, a Mead conseguiu vendê-lo por impressionantes 1,5 bilhão de dólares. Uma parte desse lucro foi usado para ajudar a Mead a diversificar sua base de produção com a compra de uma empresa de embalagens plásticas. A aquisição foi vista como vantajosa para as duas partes. A Mead estava diversificando nos substratos plásticos e, o que era ainda mais importante, a companhia de plásticos teve patentes para um projeto inovador usado para embalar CDs e DVDs.

Infelizmente, a Mead não teve muita visão do futuro. Os CDs e DVDs logo entraram em declínio porque os softwares, as músicas e os filmes eram simplesmente baixados da rede. Não precisavam de embalagem.

A maior ironia de todas é que o LexisNexis foi basicamente o precursor de uma tecnologia de mecanismo de busca que mais tarde seria desenvolvida pelo Google. Desde então, a antiga Mead Corporation se consolidou duas vezes com duas empresas de papel competitivas; sua dona WestRock tem uma capitalização de mercado de 12 bilhões de dólares. A Alphabet (a dona do Google) tem uma capitalização de mercado de 509 bilhões de dólares.

As mudanças de tecnologia criam vencedores e perdedores. Antigos gigantes da indústria podem se tornar insignificantes rapidamente. Um investidor prudente observará as condições variáveis de mercado e ajustará a alocação de portfólio de acordo.

Desigualdade de Renda

A automação provocou mudanças estruturais na economia que, creio, desmentem abordagens simples de investimento que podem ter funcionado no passado.

A estratégia do preço médio, de comprar e manter, por exemplo, consiste em investir pequenas quantias de dinheiro em longos períodos de tempo. Esse é o método que muitos usam, no qual se contribui com uma parte do salário para comprar ações em um plano do empregador 401k.[3] A estratégia de comprar e manter foi muito lucrativa durante o século XX, quando a bolsa de valores americana voltou a uma taxa de rendimento média anual de 10,4%.[4] As táticas de comprar e manter e do preço médio serão bem menos eficazes durante períodos de crescimento lento.

O índice 500 da Standard & Poor's (S&P500) é a análise de desempenho da indústria financeira para o mercado. Esse índice representa o valor das 500 maiores companhias de capital aberto dos Estados Unidos. Sua representação numérica baseia-se em um sistema de "pontos" que flutua com os preços das ações das 500 empresas que compõem o índice. A S&P500 fechou com 1.469 pontos em 31 de dezembro de 1999. Quase 17 anos depois, em 31 de outubro de 2016, ela fechou com 2.126 pontos. Incluindo os dividendos, isso é um retorno anual total de aproximadamente 4,6%, bem menos do que os 8% a 12% que muitos investidores foram convencidos a esperar. Isso ocorreu ao mesmo tempo que o Produto Interno Bruto (PIB) americano estagnou em 2%. Acredito que

---

3. Plano de aposentadoria adotado nos Estados Unidos, financiado pelo empregador.
4. John C. Bogle, presidente do Vanguard Group, 11 de novembro de 2003 em um discurso na Universidade Vanderbilt, "A New Era for Corporate America, for Mutual Funds, and for Investors" [Uma Nova Era para a América Corporativa, para os Fundos Mútuos e para os Investidores].

essa estagnação esteja relacionada e se deva originalmente à usurpação dos empregos pela automação.

Com os robôs, houve uma redução nos custos com a mão de obra. Não é coincidência que a renda média ajustada pela inflação atingiu um pico em 1999. A economia geral não consegue crescer se a renda do consumidor estagnar. Sem a ampla participação do consumidor, apenas alguns segmentos de nicho da economia crescem. A desigualdade de renda concentra a riqueza e, por consequência, um pequeno número de oportunidades de investimento cresce, enquanto a maioria estagna ou diminui. Os robôs estão chegando e a desigualdade de renda piorará muito.

A Conquista da Mídia pelo Facebook

O sucesso do Facebook é um exemplo de como a desigualdade de renda ocorre em virtude de uma mudança na tecnologia. A concentração de renda não é má nem é resultado de uma conspiração. É apenas um resultado das condições do mercado convergindo e favorecendo alguns indivíduos ou setores da economia.

Por todo o século XX, a maioria das cidades americanas tinha pelo menos dois jornais predominantes: em geral, um tendendo à esquerda do espectro da ideologia política e o outro tendendo à direita. Havia também várias publicações direcionadas a grandes populações étnicas nas áreas urbanas. Também era comum os grandes jornais publicarem duas edições diárias: uma pela manhã e outra à noite.

Assim como a lista telefônica, a publicação de jornais era um grande negócio. Empregava milhões de pessoas de todas as condições de vida: editores, redatores, vendedores, impressores, indo até os entregadores de jornal local, que eram meninos de 12 anos.

A internet devastou a circulação de jornais. O emprego nessa indústria atingiu um pico em 1989 e a receita bruta chegou ao auge em 2005. A indústria consolida-se rapidamente com a permanência de apenas algumas empresas, como *The New York Times* (NYT) e *The Wall Street Journal* (WSJ). Infelizmente, os sobreviventes não estão prosperando. As ações do NYT caíram mais de 50% desde 2007.

Enquanto cresce o número de leitores da "nova mídia" on-line, os ganhos estão concentrados entre apenas algumas empresas. O Facebook produz uma receita de 25 bilhões de dólares com 12 mil funcionários. A receita do NYT é de 1,5 bilhão de dólares com 5 mil funcionários. Os funcionários do Facebook são seis vezes mais produtivos. Por isso seu fundador, Mark Zuckerberg, tem um patrimônio líquido de mais de 50 bilhões de dólares e é o sexto homem mais rico do mundo.

Apesar do fato de que os super-ricos ficarão ainda mais ricos, você deve tentar aumentar seu patrimônio líquido economizando com prudência. As mudanças tecnológicas afetarão muitas coisas, mas as categorias históricas de bens (classes) provavelmente permanecerão uma fonte de patrimônio para a pessoa média. Falando de modo geral, há quatro classes de bens que resistiram ao teste do tempo e, provavelmente, sobreviverão bem no futuro:

- Imóveis
- Instrumentos de dívida (títulos)
- *Commodities*
- Propriedade de empresa (ações e ETFs)

Cada uma dessas classes de bens será discutida em um capítulo separadamente. Imóveis e títulos costumam ser investimentos de longo prazo mais estáveis e, por isso, são discutidos à luz da poupança. *Commodities* e ações, por serem mais voláteis, serão abordadas da perspectiva de investimento.

Plano de Ação

1. Economizo o bastante?
   a. Meu empregador oferece um plano de previdência generoso e confiável (para trabalhadores do governo federal, etc.):
      1. SIM. devo poupar pelo menos 10% do meu salário para a aposentadoria. Vá para o item b.

2. NÃO: devo poupar pelo menos 20% do meu salário para a aposentadoria. Vá para o item b.

b. Com 65 anos, o total da minha aposentadoria, seguro social, o retorno de 4% de minhas economias e o saque de até 6% do que economizei produziriam o bastante para cobrir meu custo de vida pretendido:

1. SIM. Você está economizando bem.

2. NÃO. Vá para o n° 2.

2. Percebi que não há atalhos para construir um patrimônio. A menos que minha expectativa seja viver de um programa de renda mínima patrocinado pelo governo, preciso fazer pelo menos um dos seguintes itens:

a. Ganhar mais.

b. Gastar menos.

Capítulo 13

IMÓVEIS

Quando discutimos classes de bens, o imóvel é um bom lugar para começar porque, para a maioria, um lar é de longe o maior bem que se possui. Além disso, conforme mencionado anteriormente, o imóvel é uma "terra", e a terra nada mais é do que um recurso natural. Portanto, a terra, em sentido geral, é a propriedade na frente da praia em Malibu, o carvão no subsolo da Virgínia Ocidental e o petróleo no subsolo do Texas.

De uma perspectiva de investimento em classe de bens, as terras e as estruturas ali construídas serão consideradas propriedades acima do solo, enquanto os recursos naturais serão categorizados como *commodities*. No fundo, ainda gosto de pensar nessas duas classes separadas de bens como "terra", porque as tendências subjacentes que afetam seu valor são basicamente as mesmas. Como poderá ler mais adiante, você verá que muito do efeito que a tecnologia terá sobre o valor do imóvel também poderá ser aplicado às *commodities*. Em qualquer caso, creio que a adoção comum de robôs criará uma volatilidade de preços e, por fim, reduzirá o valor dos mercados já estabelecidos.

Historicamente, a propriedade de um imóvel também dava um retorno viável no investimento. Como muitas fortunas foram feitas com a especulação da terra, existe um viés positivo em todas as extremidades do espectro econômico. Desde o emigrante que investe suas economias para se tornar o dono de um apartamento até o dentista que compra seu consultório, todos veem o potencial de lucro em ter um imóvel. A Wall Street capitalizou com o desejo quase universal de ter o imóvel próprio criando fundos de investimento imobiliário (FII), instrumentos financeiros que vendem ações em desenvolvimentos imobiliários de todos os tipos: doméstico, recreativo, médico, etc.

Embora eu acredite que o imóvel continuará sendo um investimento produtivo no futuro, valem aqui algumas palavras de cautela: a maioria das pessoas gasta grande parte de sua renda em casa. Ignore o quociente de dívida recomendado por corretores de imóveis ou oficiais de empréstimos, pois seu interesse está em receber uma boa comissão. Eles não são incentivados a importar-se com seu bem-estar financeiro.

Regra Geral na Compra de Imóveis

Uma boa regra para construir patrimônio é comprar uma casa que não exceda três vezes sua renda anual. Se você tiver uma renda familiar de 100 mil dólares, por exemplo, não deve comprar uma casa de mais de 300 mil dólares. Muitas pessoas considerariam esse conselho irreal por viverem em áreas com custos de vida elevados. Lembre-se, esse conselho é oferecido em relação à *construção de patrimônio*, não para ostentar nem ganhar disputas de popularidade.

Embora seja verdade que essa fórmula não seja executável em muitas áreas metropolitanas de custo elevado, também é verdade que os habitantes dessas regiões não estão construindo patrimônio rapidamente. Por isso o termo "casa para os pobres" que leva à força muitos americanos a fugir das áreas de alto custo. Moradores de Nova Jersey, Nova York, Califórnia e Illinois estão se mudando aos montes para estados mais em conta como as Carolinas, Tennessee e Texas.

Os consumidores pensam em termos de renda, enquanto os investidores pensam em termos de patrimônio líquido. San Francisco tem a remuneração média mais elevada da nação para trabalhadores de tecnologia. Em 2016, o rendimento de uma firma média de tecnologia chegava a 114 mil dólares por ano. No entanto, a média dos preços das casas no Vale do Silício ultrapassava 1 milhão de dólares. Isso dá nove vezes a renda, ultrapassando muito minha recomendação de três vezes.

Apesar de seus salários elevados, é menos provável que os trabalhadores do Vale do Silício construam um patrimônio do que o americano médio por causa do custo elevado da moradia. Apenas a

IMÓVEIS

128 quilômetros da Área da Baía, o preço médio de uma moradia em Sacramento é de 280 mil dólares, tornando a propriedade de uma casa muito mais acessível nessa praça para profissionais como engenheiros mecânicos, terapeutas físicos e gerentes de transporte, cuja renda anual gira em torno de 93 mil dólares.

Esse êxodo para longe das áreas de alto custo é um microcosmo do que creio ser o que o futuro reserva para os padrões migratórios em geral e porque vejo uma bandeira vermelha para o investimento imobiliário. Embora ache que imóvel ainda seja uma oportunidade de investimento viável no futuro, acredito que as taxas de retorno serão mais baixas do que em qualquer outro momento da história pelos motivos discutidos adiante.

Aumento das Áreas Habitáveis

Em um passado distante, as pessoas precisavam viver perto de fontes de energia ou de transporte, em geral grandes corpos de água. Elas naturalmente construíam comunidades ao longo de leitos de rios ou perto de áreas costeiras. As cidades foram inicialmente estabelecidas em áreas habitáveis, como Londres ou Chicago. Com o desenvolvimento do comércio, esses locais tornaram-se grandes áreas urbanas. À medida que a população crescia, esses lugares outrora desejáveis ficaram superlotados e caros. Os moradores permaneciam porque as instituições econômicas e sociais dão acesso a empregos, escolas de qualidade e atividades culturais. Com o aumento da tecnologia e a propagação dos robôs, cidades caras e populosas se tornarão lugares menos atraentes para se viver, porque enclaves alternativos serão estabelecidos. A tecnologia e a automação nos permitirão viver em qualquer local.

O acesso a serviços de qualidade, como educação ou assistência médica, não terá dependência geográfica. Empreendedores criativos que aprenderam como aproveitar seu toque humano não ficarão presos a um emprego em um local específico. As pessoas serão livres para viajar e viver praticamente em qualquer lugar.

Embora essa seja uma boa notícia para pessoas com um senso de aventura e com vontade de migrar, pode ser uma má notícia para os preços dos imóveis nas áreas estabelecidas. Ligar os pontos para ver como isso poderia afetar os preços das terras não é radicalizar demais.

166

Considere a migração de uma multidão de habitantes do Norte para os estados sulistas depois da Segunda Guerra Mundial. Os estados sulistas ofereceram muito mais benefícios do que os nortistas, incluindo um custo de vida mais baixo, impostos reduzidos e clima mais ameno. Então por que a migração em massa não aconteceu antes de 1950? Por causa de fatores ambientais. Embora o ar-condicionado tenha sido inventado em 1902, ele só foi comercializado na década de 1930. Assim como a adoção da maioria das tecnologias que foi utilizada pela primeira vez em aplicações comerciais ou industriais para depois ficar popular entre os ricos. Foi somente na década de 1950 que os proprietários da classe média e as pequenas empresas puderam comprar unidades residenciais com janelas AC.

Não foi uma coincidência, portanto, o grande êxodo dos nortistas para o Sul ter começado nesse momento. Em 1950, o estado de Nova York tinha cerca de 15 milhões de moradores, cinco vezes a quantidade da Flórida. Nessa década, as populações dos estados sulistas começaram um crescimento vertiginoso explosivo. Em 2016, tanto Nova York como a Flórida tinham aproximadamente 19 milhões de habitantes. Enquanto o crescimento de Nova York parece ter chegado a um pico, a Flórida ainda está crescendo quase 2% por ano.

Com a tecnologia, a humanidade pode controlar o meio ambiente. O ar-condicionado, entre outras coisas, tornou a então desprezível pantanosa Flórida habitável, aumentando significativamente os valores das propriedades no Sul, enquanto houve um efeito moderador nos preços dos terrenos no Norte. Esse é um exemplo da influência da tecnologia no cabo de guerra inflação/deflação. Podemos esperar que as tecnologias emergentes tenham efeitos semelhantes nos preços dos imóveis no futuro.

Fazenda Japonesa Operada por Robôs

Em 2017, a empresa de horticultura Spread abrirá a primeira fazenda operada por robôs em grande escala perto de Kyoto, no Japão. Sua instalação se baseará em um protótipo de fazenda *indoor* que a Spread abriu em 2007. Inicialmente, a fazenda cultivará hortaliças em um sistema de monocultura com a capacidade de cultivar 219 milhões de cabeças por ano. A fazenda *indoor* utilizará canteiros sem solo empilhados em racks verticais que podem facilmente ser movidos por robôs. As condições ambientais serão controladas com luz e calor artificiais, as hortaliças receberão os nutrientes por meio de um sistema hidropônico. Não serão usados pesticidas. O ambiente estável diminuirá o tempo de cultivo em 30%, e o uso de robôs para o plantio e o cultivo reduzirá a mão de obra pela metade.

Cultivo *Indoor* e Uso da Terra

A tecnologia do diodo emissor de luz (LED) está revolucionando o potencial para cultivo *indoor*, fornecendo lâmpadas para um cultivo eficiente com uma energia barata. Anteriormente, as lâmpadas para cultivo eram caras demais para todos, menos para as plantações comerciais com maior verba. As fazendas *indoor* limitavam-se a cultivar produtos como orquídeas exuberantes ou maconha ilegal.

Hoje, o custo das unidades de LED caiu bastante, enquanto ao mesmo tempo aumentaram sua eficiência energética e eficácia. Seu impacto não será tão significativo quanto o surgimento do computador pessoal, mas provavelmente terá um grande efeito no uso da energia e na aplicação no nicho da agricultura *indoor*. Embora esse tipo de cultivo possa não parecer tão revolucionário quanto o ar-condicionado, espero que ele tenha um efeito significativo no uso da terra e nos preços dos imóveis nas próximas décadas.

A iluminação por LED abre o potencial para um cultivo *indoor* sustentável, o que poderia ter um impacto significativo tanto nos moradores de áreas urbanas populosas como nas regiões remotas ou outrora inabitáveis. Com a agricultura *indoor* em áreas urbanas, alimentos podem ser cultivados em fazendas localizadas em arranha-céus, em grande escala industrial. A produção de alimentos *indoor* não teria um preço necessariamente competitivo para safras em escala elevada, como trigo e soja, mas poderia reduzir drasticamente o preço de alimentos que requerem uma colheita com muita mão de obra ou cuidados especiais, como de verduras, café, cacau (chocolate), etc.

A iluminação por LED poderia ser usada com tecnologias robóticas para criar fazendas *indoor* de alta densidade. As caixas de cultivo empilhadas verticalmente seriam monitoradas por microprocessadores para controlar os sistemas robóticos que administram a quantidade certa de luz, nutrientes e água. Os robôs poderiam ser usados para trabalhar todo o ciclo de vida do cultivo: plantio, nutrição, irrigação, controle de ervas daninhas, colheita e compostagem de resíduos. O processo do cultivo é bem rotineiro, facilitando muito para que os sistemas operacionais sejam escritos com algoritmos simples.

Os benefícios da agricultura *indoor* poderiam ser ainda maiores porque a incerteza das condições climáticas seria eliminada e também seria mais fácil controlar as infestações de pragas. O potencial é ilimitado e possivelmente autossustentado. A água reciclada, rica em nutrientes de aquários hidropônicos, nutriria os vegetais crescendo em caixotes sem solo. O sistema fechado forneceria vegetais orgânicos saudáveis, além de ser uma fonte de proteína do peixe. As fazendas *indoor* robotizadas poderiam ser estabelecidas em qualquer lugar onde houvesse uma fonte de energia confiável. A energia poderia vir de poços de gás natural no oeste do Texas, de painéis solares no Arizona, de moinhos de vento em Iowa ou energia nuclear no Japão. Estufas robotizadas em pequena escala poderiam ser acomodadas em todas as casas.

As fazendas *indoor* operariam da mesma forma que as atuais instalações das fábricas de alta tecnologia, com pouquíssima mão de obra humana. O impacto no custo será profundo. A curva de valor imitaria aquela da indústria de eletrônicos: introdução constante de produtos revolucionários caracterizados por cada vez mais recursos a um custo baixo.

O efeito no valor e na deflação se estenderá muito além dos preços dos alimentos de qualidade. Alimentos produzidos *indoor* localmente precisarão de menos insumos. Menos transporte resultará em uma demanda menor por combustível, veículos e motoristas. Com menos uso da água diminuirá a demanda a reservatórios e aquíferos. Menos mão de obra reduzirá dramaticamente a necessidade de trabalhadores migrantes sem instrução. Menos uso da terra reduzirá sua necessidade, como também deverá re-

IMÓVEIS

duzir o preço de fazendas aráveis e de áreas florestais. Imagine o impacto nas glebas de terras caras em regiões como o Vale Central da Califórnia.

Moradias Marítimas (*Seasteading*)

Os avanços tecnológicos e a automação possibilitarão experimentos com todos os tipos de condições de vida alternativas. O *seasteading* pode ser um desses empreendimentos. *Seasteading* é o conceito de estabelecer áreas de moradia permanente no mar aberto. O principal atrativo é assentar uma comunidade soberana não regulada. O cofundador do PayPal e bilionário, Peter Thiel, está entre aqueles que investiram no conceito.

Essas zonas náuticas de livre-comércio poderiam ser abrigadas em uma variedade de plataformas, de ilhas artificiais a enormes casas pré-fabricadas modulares flutuantes. Construir estruturas permanentes em um ambiente rigoroso no oceano é um empreendimento caro. Para reduzir a curva de aprendizado, o Instituto Seasteading tem planos para começar a construção de uma ilha artificial flutuante na costa da Polinésia Francesa em 2017.

O protótipo da estrutura consistirá em algumas plataformas flutuantes, talvez de 45 metros de comprimento. Cada plataforma será projetada para 30 ocupantes viverem e trabalharem em abrigos sustentáveis. O projeto-piloto inicial custará 30 milhões de dólares.

A ocupação dos oceanos abertos é possível? Quem sabe? O cofundador do PayPal, Elon Musk, acha que a ocupação dos mares é um tiro na água. A visão de Musk é estabelecer uma colônia em Marte.

Quaisquer que sejam essas novas comunidades que um dia aparecerão, espero que elas façam uso da terra e dos recursos naturais de maneira mais eficiente, continuando assim a pressão deflacionária nos preços dos imóveis e das *commodities*.

Migração para Áreas Remotas

Creio que o impacto no preço dos imóveis poderia ir bem além das terras cultivadas. Assim como o ar-condicionado teve um impacto na migração para climas mais amenos, as fazendas *indoor* podem encorajar tendências de migração semelhantes para climas mais frios ou mais rigorosos.

Dakota do Norte não é um dos estados americanos mais convidativos. A população do estado gelado é de menos de 1 milhão. No entanto, os padrões de migração para lá têm aumentado por causa da produção de petróleo e gás natural da Formação Bakken. A produção de energia da Bakken está colocando Dakota do Norte ao lado dos membros produtores da Opep, como Nigéria, Angola e Argélia.

Custos de energia baixíssimos, principalmente do gás natural, podem transformar as formações de xisto como a Bakken em ímãs para o desenvolvimento industrial. Empregos humanos com bons salários coexistirão em enormes fábricas operadas por robôs. Acrescentando as fazendas *indoor* à mistura, isso fará com que regiões frias como Dakota do Norte sejam bem mais acolhedoras às pessoas. Formações de xisto com energia abundante poderiam tornar-se grandes áreas metropolitanas, oferecendo aos moradores uma remuneração elevada em um ambiente de baixo custo. O mesmo efeito se aplicaria a outras regiões remotas, repletas de recursos naturais, como o Alaska ou a Rússia. O chamariz da riqueza (renda alta + baixo custo de vida) levaria muitos a migrarem para lá, assim como aconteceu no passado com as corridas do ouro para a Califórnia e o Klondike.

A confluência da tecnologia deixará as áreas remotas mais atrativas, porque todos os aspectos confortantes da civilização estarão disponíveis: a internet para acessar comunicação, informação, entretenimento e realidade virtual, o cultivo *indoor* de alimentos saborosos, além das técnicas de fabricação robóticas e avançadas como a impressão 3-D para criar uma profusão de produtos e serviços sob demanda.

Não é o bastante para atrair a elite rica dos imóveis de frente para o mar, em Malibu? Talvez não. Mas o chamariz da moradia

IMÓVEIS

remota de baixo custo não se restringe às gélidas Fargo ou Sibéria. Há infinitas propriedades rústicas de frente para o mar acessíveis ao longo das áreas costeiras do México, das Américas Central e do Sul, da Indonésia e das Ilhas do Pacífico. Exceto pela fartura de energia de combustíveis fósseis, as mesmas características tecnológicas que tornariam a distante Sibéria atraente também se aplicariam às propriedades ensolaradas de frente para o mar.

O aluguel de um apartamento médio de um quarto em Malibu é mais de 4 mil dólares por mês. Um condomínio luxuoso pode ser conseguido no Panamá por 2 mil dólares. Com o aluguel do apartamento de um quarto, daria para pagar o aluguel de uma casa luxuosa, além de seus empregados, em Bali. Destinos menos conhecidos são bem mais acessíveis.

Redução das Taxas de Natalidade

A era da expansão populacional global está chegando ao fim. A população mundial provavelmente crescerá até quase 10 bilhões de pessoas e, então, começará a encolher em algum momento depois de 2050. Grandes famílias são a preferência em sociedades agrárias. As taxas de fertilidade diminuíram consistentemente desde 1970, quando a população global migrou para áreas urbanas e o acesso à assistência médica melhorou.

A estabilidade demográfica é alcançada com uma taxa de natalidade de 2,10 filhos por mulher. A taxa de natalidade global é estimada em cerca de 2,5. As únicas regiões com taxas substanciais de crescimento populacional são a África subsaariana e o Oriente Médio.

Entre os países industrializados, como Estados Unidos e Europa, as populações diminuem a uma taxa de natalidade média de menos de 2,00. A taxa de natalidade francesa está entre as maiores da Europa, em 2,07. A taxa americana está bem abaixo da estabilidade demográfica, com apenas 1,87.

Rússia, China, Canadá, Alemanha, Japão e Coreia do Sul estão todos em ou abaixo de 1,60. Sem a imigração, até 2050 as populações desses países provavelmente encolherão pelo menos 20%.

Menos pessoas significa menor necessidade do uso da terra e, portanto, os preços dos imóveis serão potencialmente mais baixos.

Os métodos inovadores de construção, como a modular pré-fabricada, paredes pré-moldadas ou o uso da robótica, também terão um impacto no custo da construção. As possibilidades são infinitas, mas todas apontam para tendências deflacionárias semelhantes:

- Menos uso de mão de obra e terreno
- Uso de materiais funcionais (isolamento da alteração de fase, teto solar)
- Características inteligentes (monitoramento, segurança, entretenimento)
- Projetos arquitetônicos inovadores para tirar vantagem das novas tecnologias e da energia renovável

Tais fatores provavelmente tornarão os atuais edifícios residenciais e comerciais obsoletos. Então, mesmo se o preço do terreno em Manhattan mantiver seu valor, os edifícios nele podem precisar ter suas características substituídas por outras mais inteligentes e desejáveis.

Diminuição nos Valores dos Imóveis

Outras tendências não são favoráveis para sustentar preços altos dos imóveis no futuro. Varejistas on-line como a Amazon dizimam as lojas de materiais de construção. O trabalho remoto e arranjos profissionais semelhantes reduzem a necessidade de um espaço comercial. Imagine um mundo sem correios porque eles foram substituídos por serviços mais eficientes, como a UPS ou a FedEx, ou onde os compradores não precisam mais ir ao shopping, pois podem comprar a maioria das coisas pela internet, ou no qual os estudantes recebem seu ensino a distância em vez de frequentar edifícios físicos. O que acontece com o preço desses edifícios e do terreno onde eles estão? O valor diminui.

IMÓVEIS

Aplicativos como Priceline e Airbnb reduzem o custo das diárias de hotel e aluguel de casas para férias, além de criar uma concorrência ferrenha, diminuindo as barreiras para entrada. A distribuição avançada, com certeza, tornará obsoleta a necessidade para o uso de propriedades antiquadas como os correios americanos. (O correio americano tem ou arrenda uns 8 mil acres de terreno.) A falta de uma formação familiar nessa geração e a natureza transitória do emprego farão mais pessoas alugarem em vez de comprarem uma casa. As taxas de natalidade em declínio estão reduzindo todos os aspectos do uso da terra.

As taxas de juros crescentes também terão um impacto negativo nos preços dos imóveis. Os juros estavam em queda desde 1980. Em 2016, as taxas de hipotecas atingiram baixas históricas; no entanto, elas começaram a subir depois da eleição de Donald Trump. Os preços dos imóveis são inversamente proporcionais às taxas de juros da hipoteca, porque quanto mais se paga de juros nos empréstimos, menos dinheiro se tem para gastar em uma casa. Quando as taxas gravitarem para cima depois de perdas históricas, os preços dos imóveis naturalmente cairão.

Se as tendências supracitadas não forem o suficiente para esmagar rendimentos futuros com imóveis, o aumento de impostos será. Os impostos sobre a propriedade estão aumentando e a tendência provavelmente vai se agravar. Os impostos sobre a propriedade são uma das poucas fontes de renda para os governos locais, cujos déficits estão crescendo por causa da expansão de serviços e dos planos de previdência carente de recursos. De Detroit a Seattle, os impostos sobre a propriedade estão crescendo dois dígitos sem alívio em vista.

No Texas, prevê-se que o Dallas Police and Fire Pension Fund, o fundo de pensão dos funcionários da polícia e do corpo de bombeiros, de 2,39 bilhões de dólares, decretará falência em 2028. O prefeito está preocupado com o fundo de pensão arruinando a cidade; dessa forma, os impostos sobre a propriedade terão de ser aumentados 130% para cobrir o déficit. Um aumento assim tão confiscatório da taxa sobre a propriedade paralisaria o mercado de imóveis de Dallas.

Muitas cidades enfrentam legados enormes de déficits de fundos de pensão. O aumento dos impostos sobre a propriedade para preencher os buracos desencorajará os moradores de viverem lá, erodindo ainda mais a base tributária. Uma fuga econômica de cérebros acontecerá a seguir quando as construtoras de imóveis partirem para refúgios com impostos mais baixos.

Combinando todos esses motivos com a tendência de longo prazo de inflação monetária moderada, não vejo o imóvel como uma oportunidade atrativa de investimento em um futuro distante, com certeza não como foi nos últimos 50 anos. Minha recomendação não é para você se livrar imediatamente de sua casa, mas tome cuidado. A longo prazo, espero que o imóvel gere retornos que acompanhem moderadamente a inflação.

Plano de Ação

1. Devo alugar ou comprar?

    a. Eu posso me mudar nos próximos três anos: _____

    b. Meu emprego ou renda não é estável: _____

    c. Não tenho muitas economias:

    d. O pagamento de um financiamento excede 35% de minha renda pré-imposto: _____

2. Respondi "SIM" a mais de uma das perguntas acima:

    a. SIM: Vá para o $n^{\underline{o}}$ 3.

    b. NÃO: Provavelmente tenho condições de comprar uma casa.

3. O viés social geral é comprar uma casa, mas, com base nas respostas anteriores, pode ser financeiramente melhor para mim se eu alugasse em vez de comprar.

Capítulo 14

INSTRUMENTOS DE DÍVIDA (TÍTULOS)

Títulos, debêntures e outras formas de instrumentos de dívida são populares entre investidores prudentes de longo prazo que buscam rendimentos estáveis. Embora eu com certeza concorde que os títulos possam ser uma oportunidade de investimento apropriada, creio que os preços deles, assim como dos imóveis, serão muito menos seguros no futuro.

Os títulos são investimentos anunciados como "seguros", tanto que os consultores frequentemente usam uma fórmula simplória para calcular a relação ação/título em carteiras de investimento em previdência. A explicação errônea é que como os títulos são seguros, com o passar dos anos da pessoa, uma parte a mais de seu portfólio deve ser investido em títulos. A fórmula básica afirma que a idade do investidor deve ditar a porcentagem de títulos mantidos. Um investidor de 65 anos manteria uma carteira de investimento com 65% de títulos e 35% de ações.

Esse raciocínio tem várias falhas:

- Primeiro, os títulos são seguros tanto quanto a estabilidade do avalista. Os títulos do governo federal americano são bem seguros, mas aqueles emitidos por estados, cidades, municípios ou empresas não são tão seguros. Investidores simples costumam gravitar em torno de títulos que proporcionam maiores lucros, mas se esquecem de considerar o risco. Embora os títulos possam ser mais seguros (por terem maior estabilidade de preços) do que as ações em geral, um título lucrativo emitido por uma empresa ou município duvidoso poderia ser muito mais instável do que uma ação de primeira categoria.

- Segundo, a maioria dos pequenos investidores não mantém títulos reais, mas compra cotas de fundos de títulos. Os preços desses fundos de investimentos em títulos flutuam com base nas taxas de juros (os preços dos títulos são alterados inversamente às taxas de juros). Nos últimos 35 anos, isso não provocou um risco negativo porque os preços dos títulos aumentaram à medida que os juros diminuíram. Atualmente, as taxas de juros globais estão em quedas históricas, algumas até lançando taxas negativas. A razão diria que, em algum momento, as taxas subirão provocando, assim, a perda de valor dos fundos de títulos.
- Terceiro, conforme discutido em todo este livro, os robôs terão um profundo impacto na economia. Esses efeitos provavelmente serão devastadores para as antigas instituições estabelecidas. Empresas não competitivas e os governos locais sustentados por sua base tributária poderiam decretar falência, deixando seus títulos de longo prazo sem valor.

Previsão da Taxa de Títulos

Quanto à previsão da taxa vigente, acho que os investidores esperando por um retorno a uma taxa de juros do Tesouro americano em dez anos acima de 4% ficarão desapontados. Não creio que governos, empresas e consumidores sobrealavancados possam pagar os juros de uma dívida existente acima de 4% da taxa de juros do Tesouro americano em dez anos. Se isso vier a acontecer, o consumo cairá vertiginosamente e a economia, já fraca, cairá na recessão.

A única forma de alcançar taxas de juros maiores sem provocar uma recessão (isto é, matar o consumo) seria um perdão dos mais de 1 trilhão de dólares do financiamento estudantil e/ou algum tipo de assistência médica nacional que reduzisse o encargo dos prêmios de seguro e dedutíveis na classe média. Os custos com o financiamento estudantil e a assistência médica consomem o que outrora seria a renda disponível da classe média. Não estou sugerindo que essas políticas seriam boas para a economia a longo prazo, ou que eu as

INSTRUMENTOS DE DÍVIDA (TÍTULOS)

apoie. Mas se os cortes de impostos e o gasto com a infraestrutura não conseguirem segurar o PIB acima de 2%, então espere a proposta dessas e de mais iniciativas de "estímulo" ao consumo.

Historicamente, a taxa de juros de dez anos é aproximadamente equivalente ao PIB nominal, significando o crescimento incluindo a inflação. Desde a recessão de 2008, muitos acreditam que a intervenção do Banco Central cortou as taxas bem abaixo desse nível histórico. Poderia ser também que o crescimento relatado do PIB e a inflação estejam altos demais. De qualquer modo, minha previsão de taxas abaixo de 4% deriva da premissa de que se as taxas "normalizarem" para a relação histórica com o PIB nominal, então: 2% do PIB real + 2% de inflação = 4% de rendimento do Tesouro americano de dez anos. Isso reflete a média do PIB desde 2000 e atende à meta de inflação da Reserva Federal.

Muitos considerariam 4% de rendimento uma taxa baixa demais, dadas as taxas muito maiores nos últimos 30 anos. Isso nos traz de volta ao cabo de guerra inflação/deflação. Desde que a inflação não ultrapasse a deflação, então as taxas de juros maiores provavelmente não poderão ser suportadas por nossa economia anêmica. A inflação de dois dígitos e as taxas de juros correspondentes das décadas de 1970 e 1980 foram na verdade uma anomalia histórica, algo que a economia vem tentando resolver nos últimos 35 anos. Os rendimentos do Tesouro americano de dez anos variando de 2 a 4% foram a norma de 1875 a 1965.[5]

Barreiras Menores para Entrada

A falta de investimento capital também é um motivo pelo qual as taxas de juros estiveram mais baixas por mais tempo. Se as grandes empresas não precisarem emprestar grandes quantias de dinheiro, então o custo do empréstimo (taxas de juros) permanece baixo. É uma função da oferta e demanda. Nos anos 1970, se uma grande indústria como a General Motors ou a 3M expandisse seus negócios, precisaria de grandes quantias de capital para reequipar e construir

---

5. Global Financial Data [Dados Financeiros Globais], "USA 10-Year Bond Constant Maturity Yield (IGUSA10D)" [Rendimento Constante até a Maturidade do Título Americano de Dez Anos]. Disponível em: <http://ritholtz.com/wp-content/uploads/2010/08/1790-Present.gif>.

novas fábricas. Hoje, muitas empresas de tecnologia, principalmente as firmas da internet, estão totalmente livres de dívida porque operam com muito mais eficiência do que as empresas do Cinturão da Ferrugem. O Google, o Facebook e o Adobe não têm quase nenhuma ou muito pouca dívida de longo prazo. A Apple tem mais de 200 bilhões de dólares em dinheiro em seu balancete e pede empréstimo apenas porque é mais barato pegar empréstimos do que pagar impostos sobre o dinheiro repatriado de paraísos fiscais.

Esta é uma lição importante para pessoas empreendedoras: o dinheiro é barato e provavelmente continuará a ser. Além disso, as exigências de capital inicial estão muito mais baratas do que no passado. Isso significa barreiras menores de entrada para empreendedores que querem entrar em um novo mercado. Nunca existiu uma melhor hora para abrir um negócio.

Outra tendência futura que pode influenciar na diminuição das taxas de juros é o aumento do empréstimo pessoal e do *Crowd Sourcing* (produção colaborativa). Esses dois métodos para levantar capital tiram vantagem do setor bancário tradicional. As taxas de juros cobradas por grupos de empréstimo pessoal podem ser substancialmente mais baixas do que os empréstimos convencionais, principalmente quando comparadas às taxas dos cartões de crédito.

Espero que os programas de empréstimo alternativos fiquem mais populares até a próxima grande recessão. Nessa época, se as taxas-padrão aumentassem muito, os credores do empréstimo pessoal poderiam descobrir que não estão recebendo um retorno ajustado ao risco adequado. Empréstimos sem garantia são sempre arriscados e os credores devem lembrar do provérbio de Wall Street: "O desempenho do passado não garante resultados futuros". Comprometer mais de 10% da carteira de investimentos ao empréstimo pessoal provavelmente não seja prudente.

Taxas em Elevação

Uma rápida elevação nas taxas de juros depois de uma década de supressão da Reserva Federal poderia causar uma diminuição dramática nos preços dos títulos, levando ao estouro da "bolha de títulos". Esse risco aumentaria significativamente se as taxas excedessem os 4%, sustentando mais uma vez minha previsão de que os

INSTRUMENTOS DE DÍVIDA (TÍTULOS)

rendimentos do Tesouro americano em dez anos não aumentarão muito além desse nível.

Se as taxas aumentarem dramaticamente, não ficarei surpreso em ver um colapso no mercado global de títulos. Assim como as bolhas anteriores de tecnologia, habitação e finanças, um colapso no preço dos títulos daria início a uma recessão global, que então forneceria um excelente ponto de entrada para reinvestir no mercado geral. Até lá, recomendo que os detentores de títulos se limitem à grade de investimentos mais líquida e de alta qualidade disponível.

Golpe dos Títulos de Trump

Acha que os títulos do Tesouro americano são um investimento seguro? Se você tem um fundo de títulos, melhor pensar de novo. O muito popular iShares 20-year US Treasury Bond Fund (TLT) é um caso exemplar. Seu preço é inversamente proporcional às taxas de juros, ou seja, quando as taxas de juros aumentam, seu preço cai.

A flutuação de preços pode ser bem volátil e uma surpresa negativa para os investidores desavisados. O que aconteceu depois da eleição de Donald Trump em novembro de 2016 é um exemplo clássico de uma queda abrupta nos preços dos títulos. Desde uma semana antes da eleição até uma semana depois, o TLT perdeu quase 7,5% de seu valor. Em um período de um mês e meio, do ponto mais alto ao mais baixo, o TLT perdeu mais de 12,5%. Calculado a partir da alta de quatro meses antes da eleição, o fundo perdeu mais de 15,5%. Qualquer investidor que tenha comprado o fundo em qualquer momento durante os dez meses antes da eleição teria perdido dinheiro. Na verdade, comprar o TLT em qualquer momento nos dois anos antes da eleição teria resultado em uma perda pós-eleição de aproximadamente 80% do tempo.

Esses bruscos movimentos negativos são chocantes para os aposentados que pensam erroneamente que os fundos de títulos são "seguros". Não seja pego desprevenido. Os fundos de títulos podem fazê-lo perder dinheiro e isso acontece muito.

Plano de Ação

1. Tenho títulos ou fundos de títulos que têm o seguinte em seu nome:
   a. Alto rendimento: _____
   b. Alternativo: _____
   c. Classificação de não investimento: _____
   d. Classificação de investimento abaixo de BBB (BB, B+, C, etc.): _____

2. Títulos que cabem nas categorias supracitadas podem ser considerados "lixo", com uma taxa de padrão significativamente mais elevada do que os títulos de classificação de investimento. Por certo não é prudente ter mais do que 10% de minha carteira investida nesses títulos tidos como "lixo".

Parte 4
Investimento

Capítulo 15

PENSE COMO UM INVESTIDOR

Independentemente do tipo de classe de ativos em que você investe (imóveis, ações, etc.), sempre opte por qualidade e liquidez (significando que o ativo pode ser facilmente comprado ou vendido). Qualidade não significa popularidade ou cobertura da mídia por comentaristas financeiros; significa a habilidade de aumentar sua receita consistentemente, o que equivale a valor.

Se uma empresa não tem qualquer receita ou se o crescimento de sua receita diminui, você provavelmente não vai querer ser seu dono. Há exceções a essa regra, por exemplo, quando uma empresa está se recuperando de condições de mercado variáveis ou se a economia em geral sofre com uma recessão. Mas, mesmo nesses casos, no mínimo você quer ver alguma luz no fim do túnel da rentabilidade, indicando que a empresa está mesmo a caminho da recuperação.

Evitar empresas não lucrativas significa que você inevitavelmente deixará de ter ações de novas *startups* inovadoras. Considerando a taxa de fracasso de novas empresas e tecnologias emergentes, creio que essa troca vale a pena. A maioria das *startups* fracassa. Estou disposto a perder a oportunidade de algumas vitórias, desde que eu preserve meu capital sem perdê-lo em todos e prováveis fracassos. É como a tartaruga, devagar e sempre você acaba ganhando a corrida do patrimônio. A lebre especulativa quase sempre acaba falindo.

Por ser um investidor individual, você não tem controle sobre a administração da companhia ou qualquer informação dos trabalhos internos. Os investidores estão limitados a identificar tendências e tentam, então, construir negócios em empresas que provavelmente serão influenciadas por essas tendências. Vejam: eu não disse "favorecidas" pela tendência, usei a palavra "influenciadas". Essa influência pode ser positiva ou negativa. Os robôs beneficiarão algumas empresas, enquanto outras que não puderem se adaptar irão à falência. A automação devastará muitas instituições estabelecidas, principalmente aquelas que tiram sua vantagem competitiva de algum tipo de monopólio sancionado. Estamos testemunhando essa exaustiva briga da Uber contra os medalhões operacionais protetores da indústria de táxis que limitam as licenças de operação a algumas empresas privilegiadas.

O ponto-chave é *pensar como um investidor, não como um especulador.* Evite esquemas de enriquecimento rápido. Não tente encontrar uma agulha no palheiro nem beijar sapos esperando por príncipes. Invista em empresas que demonstraram uma propensão de ganhos no passado e parecem adaptar-se aos mercados e às condições tecnológicas variáveis. Não compre ações corporativas consideradas "lixo" ou títulos municipais quase falidos só porque têm um bom rendimento. Opte pela qualidade e pelo valor.

Como identificar empresas com uma cultura administrativa que encoraje a adoção de uma visão de futuro pioneira? Muito provavelmente serão as mesmas empresas que aumentaram de modo consistente seus rendimentos. Pode parecer um raciocínio repetitivo, mas, em um mundo incerto, rendimentos consistentes são o melhor indicador de empresas adaptáveis. Não é à prova de falhas, mas é o melhor indicador disponível. Parafraseando a mãe de Forrest Gump: "O valor é o que ele mesmo faz".

Investimento Ativo não é Especulação

Nem todas as instituições estabelecidas fracassarão. Na verdade, muitas prosperarão, principalmente no início da conquista do mercado pelos robôs. Mais automação significa mão de obra mais barata e, portanto, mais lucros corporativos. Para tirar vantagem desses ganhos de produtividade e proteger-se contra a estagnação do mercado ou de uma perda catastrófica de uma eventual quebra da bolsa, é importante negociar ativamente sua carteira de investimentos. O investimento ativo não é especulação, é um comportamento

PENSE COMO UM INVESTIDOR

previdente, como o do jardineiro cauteloso que apara suas plantas. Da mesma forma, o sábio investidor precisará observar as condições do mercado e ajustar sua alocação dos ativos proativamente.

O investimento ativo é a abordagem alternativa de investimento à estratégia de preço médio em um fundo de índice geral. Se você não tiver muita certeza ou estiver mal equipado para negociar ativamente sua carteira de investimentos, então não faça isso. Entretanto, deve no mínimo ler e se familiarizar com esses conceitos. Isso é crucial, porque a automação afetará a economia rapidamente. As atuais Google e Amazon um dia serão substituídas por outras empresas mais inovadoras. É a natureza de um mercado competitivo.

Embora seja verdade que os mercados em geral se recuperem e revertam suas médias, também é verdade que o movimento ascendente pode demorar muito. O colapso nas ações da tecnologia durante a bolha "ponto.com" é um exemplo clássico.

O principal índice para as ações de tecnologia é a National Association of Securities Dealers Automated Quotations [Associação Nacional Corretora de Valores e Cotações Automatizadas, em português] (Nasdaq). Durante a exuberância irracional da bolha "ponto. com" em 2000, a Nasdaq atingiu um recorde histórico de alta. Demorou mais de 15 anos para a Nasdaq ultrapassar de novo esse nível. Como o ganho foi em termos nominais, significando que o preço não foi ajustado pela inflação, os investidores que adotaram uma abordagem de comprar e manter, depois do colapso da bolha "ponto.com", ainda não cobriram suas perdas. Na verdade, a Nasdaq precisaria valorizar aproximadamente mais 35% dos níveis de 2016 para poder recuperar as perdas sofridas com a bolha "ponto.com", em termos reais (ajustados pela inflação).

O investimento ativo (não especulativo) significa tirar os ativos de setores desvalorizados ou estagnados para aqueles que estão valorizados ou, pelo menos, que acompanham a inflação. A estratégia é preservar o capital (acompanhar a inflação) e buscar um retorno. A ênfase dessa abordagem está na palavra "ativo", porque os mercados estão sempre mudando.

Como Se Forma uma Bolha

Pensar como um investidor o ajudará a *impedir* uma perda catastrófica que costuma ser o destino do especulador. Em geral, "bolhas" de manias são formadas quando os especuladores dão um lance no preço de um ativo além de seus valores fundamentais racionais. Isso pode ocorrer em imóveis, ações ou qualquer outra classe de ativos, incluindo títulos. Nos anos recentes, a propaganda em torno da impressão 3-D formou uma grande bolha nesse pequeno setor industrial. Antes de 2011, quem não fosse do setor industrial nunca tinha ouvido falar da impressão 3-D. Não era um conceito novo: a primeira patente para uma "estereolitografia" foi emitida em 1986 e a 3D Systems foi fundada para industrializar a invenção. A tecnologia tinha um grande potencial, mas era lenta demais para ser usada. O equipamento era primitivo e os materiais utilizáveis eram poucos. Além de algumas pessoas dedicadas a hobbies e fãs da *Popular Mechanics*, os únicos a usarem efetivamente uma impressora 3-D foram engenheiros de protótipo rápido.

Então veio a propaganda de *Ted Talks* em capas de revistas; a impressão 3-D estava na moda. Os comentários de especialistas começaram a se alastrar no início de 2012 e atingiram o auge em maio de 2013. De repente, as possibilidades industriais da impressão 3-D passaram de um nicho obscuro para o *mainstream*, e seu uso foi visto como uma cura para todo e qualquer problema que incomodasse a modernidade.

A 3D Systems, a pequena empresa não lucrativa, tornou-se a queridinha dos especuladores de Wall Street. Quase da noite para o dia, a 3D Systems passou do anonimato para a principal aquisição de tecnologia. No pico das ações no fim de 2013, a capitalização de mercado da 3D Systems estava valorizada em torno de 10 bilhões de dólares.

Então a bolha estourou. As pessoas começaram a perceber que embora a impressão em 3-D oferecesse possibilidades imensas e a promessa de lucros astronômicos, ainda não era hora. Quando os investidores individuais notaram que o proverbial rei estava nu, uma multidão de especuladores já fugia do mercado. Dois anos depois do pico das ações da 3D Systems, o preço caiu 90%, varrendo completamente os ganhos dos cinco anos anteriores. Uma história semelhante aconteceu com a maior competidora da 3D Systems, a Stratasys.

O colapso do preço das ações não tinha relação com a eficácia do futuro potencial da impressão 3-D como uma indústria. Nem foi um comentário negativo sobre o mérito da 3D Systems como líder do setor. Realmente acredito que a impressão 3-D revolucionará as práticas industriais e terá um impacto positivo enorme em praticamente todos os setores da economia. Além disso, creio que a 3D Systems esteja posicionada para tirar vantagem dessa tendência e, no futuro, será bastante lucrativa. Mas tudo isso acontecerá no futuro, possivelmente em um bem distante.

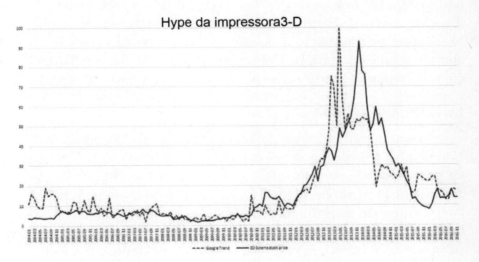

O gráfico acima ilustra perfeitamente o padrão de uma bolha de valor líquido. Não é exclusividade da 3D Systems ou da indústria de impressão em 3-D. Observe como o preço das ações está intimamente relacionado à propaganda da mídia, nesse caso, a incidentes da "Impressora 3-D" como localizado pelo Google Trends. Esse padrão de bolha acontece repetidas vezes, em todas as classes de ativos. Seja o frenesi de compras por ouro, imóveis ou as ações de uma empresa, esse mesmo padrão geral prevalece.

O padrão de mania é caracterizado por aumentos de preço astronômicos: ele aumenta com a promessa de lucros futuros enormes e cai com um colapso de preço de pelo menos 80% do pico. No fim, predominam as cabeças mais frias e algumas empresas fortes sobrevivem para se tornarem líderes do setor.

Estude história e você verá que esse padrão apareceu na introdução de qualquer tecnologia inovadora: as ferrovias desde meados até o final do século XIX, os automóveis no início do século XX, a energia nuclear em meados do século XX, os computadores ao final do século XX e a internet na primeira década do século XXI. Hoje são os robôs.

O chamariz da especulação para ficar rico rapidamente cativa a cultura popular e um dia acaba abruptamente, com o medo da perda catastrófica. A mania não tem relevância para a tecnologia específica, pois se trata apenas de uma manifestação da natureza humana. Por isso o padrão da bolha é um fenômeno tão fidedigno e recorrente. As tecnologias vêm e vão, mas a natureza humana nunca muda.

Espere pela formação desse padrão. Ele sempre termina em um abrupto colapso de preços. Um investidor prudente se familiarizará com ele e o usará como um aviso prévio para evitar a perda catastrófica.

Evite o Último Grito

Como investidor, você poderia evitar uma bolha catastrófica? Não há uma rede de segurança garantida ainda, mas recomento optar pela qualidade. A qualidade se traduz em uma receita sólida, não apenas em aumento de vendas. Empresas que estão gerando lucros consistentes não constituem, por definição, o último grito da tecnologia. Essas empresas despejam dinheiro durante a fase inicial como *startup* em um esforço para ganhar espaço no mercado, o que é uma estratégia muito arriscada. Ignorar essas empresas ambiciosas alardeadas pela mídia não é empolgante, mas pode ser vantajoso para seu patrimônio líquido.

Como foi delineado anteriormente, o desempenho das ações dos setores inovadores emergentes da economia sempre segue um padrão previsível:

1. Surge uma nova tecnologia.
2. As empresas correm para ganhar vantagem no novo setor.
3. A atenção da mídia promove com entusiasmo a oportunidade de investimento.
4. Investidores "individuais" não sofisticados correm para sofregamente comprar suas ações.

PENSE COMO UM INVESTIDOR

5. Os preços das ações sobem para estimativas injustificáveis, os quais nunca serão sustentados pelos números realistas da receita futura.
6. A bolha da mania estoura e os preços das ações caem 80% da alta.
7. Algumas grandes empresas sobrevivem e acabam dominando o setor.

Esse mesmo padrão de bolha aparece repetidas vezes, variando apenas de intensidade. Em uma pequena escala, a bolha pode se formar com apenas uma empresa, cujo preço das ações é manipulado por promotores inescrupulosos para orquestrar um esquema fraudulento "pump and dump" (inflar e largar). Ou viraria uma mania gigantesca que cria uma crise financeira global, como a bolha "ponto. com" de 2000 ou a bolha do mercado imobiliário de 2008.

Conforme mencionei várias vezes, de uma perspectiva profissional, creio que a cibersegurança é um campo excelente para um jovem. Da mesma forma, fortunas foram feitas investindo-se no setor da cibersegurança. No entanto, as ações de cibersegurança entram na definição de último grito da tecnologia que pode estourar, resultando em mais perdedores do que vencedores.

O campo é fértil de superastros potenciais como Palo Alto Networks, FireEye e Proofpoint, porém, apesar da cobertura lisonjeira da mídia recebida por essas empresas, elas não são lucrativas. O setor da cibersegurança sem dúvida produzirá lucros enormes, mas para quais firmas? A Palo Alto Networks dominará a FireEye? Ninguém sabe.

Seguindo a metodologia de tentar evitar o último grito, em vez de decidir na moeda entre os dois superastros não lucrativos, eu preferiria limitar o risco com uma empresa de tecnologia mais diversificada. Portanto, em vez de arriscar tudo em uma empresa não lucrativa com atividade exclusiva no setor da cibersegurança, por que não mergulhar só a pontinha do pé na água investindo em uma empresa que está nessa área, mas tem outras fontes de renda, como, talvez, a IBM, a Cisco ou a Symantec? Embora nenhuma dessas empresas sisudas ofereça oportunidade de crescimento explosivo aos jovens recém-chegados, seus lucros confiáveis limitam uma perda catastrófica.

Além disso, uma empresa com os bolsos cheios, como a Cisco ou a IBM, provavelmente permanecerá relevante na área da cibersegurança mesmo se a inovação não se originar dela. A Cisco tem uns 70 bilhões de dólares em capital que poderia facilmente ser empregado para comprar a tecnologia de cibersegurança apropriada quando surgir uma solução clara. Ser a primeira a comercializar não garante domínio do mercado. Lembre-se de que a Apple não inventou o computador pessoal, o tocador de MP3, o download de músicas, o smartphone, entre outras coisas.

Outro argumento para investir em uma empresa rica em ativos como a IBM e não em um tipo pequeno e glamoroso, mas com pouco dinheiro, como a CiberArk Software, é que a IBM tem uma infraestrutura produtora de dinheiro no lugar certo. Da rede de serviço global às equipes de venda e marketing, a infraestrutura da IBM está entranhada na economia mundial. Empresas de referência mundial como a IBM também são capazes de uma inovação orgânica. Seu supercomputador Watson pode vir a ser o precursor dos sistemas de suporte à decisão especializados.

Conclusões

Assim como este livro não poderia aconselhá-lo *exatamente* sobre qual o caminho profissional seria o correto para o futuro, ele também não pode transformá-lo em um investidor habilidoso. O ponto é ajudá-lo a desenvolver habilidades de pensamento crítico para que você possa avaliar situações futuras e reagir de acordo, auxiliando-o a pensar como um investidor e não como um especulador. Há dois pontos importantes que reforçam a questão sobre por que o investimento ativo será tão crucial para sua capacidade de construir patrimônio no futuro:

1. Os mercados flutuam em tendências generalizadas amplas que duram por longos períodos: meses, anos ou até décadas. O ponto é que um investidor não precisa necessariamente prever a baixa ou a alta de um mercado. O fundamental é identificar uma tendência geral e, então, posicionar os ativos para tirar vantagem dela.

PENSE COMO UM INVESTIDOR

2. Os ganhos aumentam dramaticamente *mais* em uma recuperação de mercado do que caem durante uma queda de mercado. Essa é uma questão de matemática básica, mas é ignorada por muitas pessoas.

Um aumento substancial de porcentagem sempre ocorrerá quando um mercado se recupera, mesmo se o preço apenas retornar à alta anterior. Não há mágica, é uma realidade matemática simples:

a. Preço original: cem dólares;

b. Preço depois de uma queda catastrófica de 50%: 50 dólares;

c. Recuperação ao preço original de cem dólares líquidos resulta em um aumento de 100% da baixa.

Observe que a perda na queda foi de 50%, mas o ganho na volta à alta foi de 100%. A lição é que, com uma estratégia de comprar e manter, o investidor teria sofrido muito esperando o mercado se recuperar e, no fim, não teria valorização de capital.

A estratégia de investimento ativo teria resultado em lucro mesmo se as negociações tivessem sido efetuadas em *midpoints* (pontos médios) do mercado.

Vendendo a 75 dólares, quando o preço caiu 25% (de cem dólares) e comprando a 65 dólares, quando o preço se recuperou 30% (de 50 dólares) ainda resulta em um lucro líquido, desde que o preço recuperado seja acima de 65 dólares. Uma abordagem proativa poderia ser efetuada longe da alta ou da baixa do mercado e ainda retornar um belo lucro.

Plano de Ação

Responda sim ou não às seguintes questões.

1. Eu tomo minhas decisões de investimento com base principalmente em:

a. Dicas de amigos e familiares: _____

b. Conselho de programas de investimento na TV, no rádio, em podcasts, blogs, etc.: _____

c. Minha intuição: _____

d. Anúncios financeiros: _____

2. Respondi "SIM" a alguma das perguntas anteriores:

   a. SIM: Posso estar envolvido em um comportamento especulativo e devo reconsiderar como lido com os investimentos.

   b. NÃO: Continuarei alerta e buscarei oportunidades de investimento seguras.

Capítulo 16

COMMODITIES

Commodities são matérias-primas ou produtos agrícolas negociáveis, coisas como minério de ferro, ouro ou café. Tradicionalmente, os investidores negociam *commodities* por uma especulação de curto prazo ou um "hedge", uma cobertura de longo prazo contra a inflação.

Especulação de Curto Prazo

Negociações especulativas de curto prazo tiram vantagem de transtornos ou anomalias na cadeia de suprimentos provocadas por incertezas como as condições climáticas. Um negociante especulador, por exemplo, pode tentar fazer um lucro rápido investindo em contratos futuros de suco de laranja após uma geada devastar as plantações de laranja da Flórida.

Os negócios especulativos de curto prazo sempre serão uma oportunidade para tirar vantagem das incertezas causadas pelo clima, por desastres naturais e guerra. No entanto, os negócios especulativos envolvem um risco elevado que não é apropriado para preservar o capital. O investidor prudente não usaria o dinheiro economizado para objetivos de longo prazo como aposentadoria para um negócio especulativo com *commodities*.

Cobertura de Longo Prazo contra a Inflação

Investir em *commodities* como cobertura de longo prazo contra a inflação pode ser prudente, sem restrições. A maioria dos investidores não percebe que, em longo prazo, as *commodities* em geral apenas acompanham a inflação. Investir em *commodities* pode ajudar a *preservar* o patrimônio, mas não a necessariamente aumentá-lo.

Se alguém enterrasse 10 mil dólares no quintal em 1970, por exemplo, e o desenterrasse em 2016, o poder de compra do dinheiro teria caído 84%, perdendo 8.400 dólares desse poder de 1970.

Para ilustrar a perda do poder de compra, em 1970, 10 mil dólares dariam para comprar um jatinho Cessna 150 de dois passageiros. Em 2016, a mesma quantia de dinheiro seria o suficiente para comprar um bom carro usado.

Se os 10 mil dólaraes tivessem sido usados para comprar 256 onças de ouro em 1970, o ouro teria um valor de mais de 300 mil dólares em 2016. Não é o bastante para deixá-lo rico, mas com certeza é o suficiente para comprar um jatinho.

Comprar outras *commodities* em 1970 teria alcançado um valor menor do que o ouro. A prata teria um valor presente menor de 100 mil dólares. O petróleo teria um valor presente menor de 90 mil dólares.

O ponto é que, em geral, uma cesta de *commodities*, com o tempo, acompanhará a inflação. Mas investir em uma *commodity* pode não acompanhar a inflação, especialmente se o período for menor do que uma década. A partir de 2016, o valor da maioria das *commodities* aplicáveis caiu nos últimos cinco anos.

Minha opinião sobre o desempenho das *commodities* em longo prazo é o mesmo de minha posição sobre os imóveis. Creio que o aumento exponencial dos preços das *commodities* que ocorreu desde a Segunda Guerra Mundial já começou a se dissipar. Espero que as *commodities* em geral acompanhem a inflação; no entanto, o valor de *commodities* específicas pode cair dramaticamente.

Cabo de Guerra Inflação/Deflação

Os robôs chegam para afetar mais do que o mercado profissional. A robótica reduzirá o custo de quase tudo, principalmente *commodities*. Em uma base ajustada pela inflação, à exceção da saúde e da educação, muitos produtos e serviços ficaram mais baratos. O cobre é um metal industrial cujo preço está tão relacionado com a economia que muitas vezes recebe o apelido de "Dr. Cobre", porque as mudanças em seu preço refletem os movimentos econômicos melhor do que muitos famosos PhDs nessa área.

Então, o que o cobre nos diz sobre a inflação? O preço médio do cobre no início da década de 1980 era de aproximadamente 95

COMMODITIES

cents por libra. Em 2016, seu preço flutuou em torno de 2,25 dólares. Portanto, em um período de mais de 30 anos, o preço do cobre aumentou a uma taxa de inflação anual de aproximadamente 2,5%, o que consiste bem com a meta de longo prazo da Reserva Federal de manter uma taxa de inflação de 2%. As pessoas preocupadas com a hiperinflação ficam sempre desapontadas.

A inflação é sempre desafiada por forças deflacionárias. Muitos não percebem os efeitos positivos da deflação porque veem o valor de seu dinheiro corroído pela inflação. A inflação tem várias fontes, mas os principais motivos da perda de valor do dinheiro é a expansão da oferta de dinheiro pelo Banco Central e a administração de grandes déficits pelo governo.

É importante os investidores compreenderem o cabo de guerra entre as forças inflacionárias e deflacionárias para eles não se tornarem pessimistas sem razão. À medida que a dívida governamental atinge quantias incomensuráveis, um mau humor toma conta de muitas pessoas por temerem que o colapso econômico seja iminente. Para se protegerem da hiperinflação ou de uma inadimplência, elas compram metais preciosos, como ouro. Não acredito que os cenários negativos sejam prováveis, porque as forças inflacionárias/ deflacionárias tendem a se contrabalançar.

Os controles e equilíbrios funcionariam assim:

- Da automação resultará um enorme desemprego.
- Quem lucrar com os efeitos da automação pagará impostos pesados.
- Os impostos serão redistribuídos aos desempregados na forma de uma renda mínima garantida (RMG).
- Isso resultará em um crescimento econômico estável.

Um cenário semelhante acontecerá para uma proteção contra o colapso econômico por causa da falta de recursos, como o pico do petróleo. As melhorias tecnológicas e a automação em grande escala proporcionarão uma melhora na produtividade, não só por diminuirem o uso de mão de obra humana, mas também por reduzirem drasticamente o uso de materiais. A automação e a tecnologia também facilitarão a mineração, o refinamento e a regeneração de recursos naturais. O futuro será um tempo de abundância, não de escassez. A tecnologia é e sempre será um contrapeso deflacionário à inflação.

O Impacto da Tecnologia nos Preços das *Commodities*

A inovação tecnológica pode ter efeitos drásticos nos preços das *commodities*. Se os motores elétricos conseguirem substituir os motores de combustão interna dos automóveis, então o lítio é um provável vencedor e a platina um perdedor. O lítio é usado para fabricar baterias. A platina é usada no conversor catalítico que limpa o escape do motor à gasolina.

Mesmo se os carros elétricos se tornarem o meio de transporte favorito, não há garantia de aumento nos preços do lítio. Talvez a tecnologia da bateria derivará de um uso mais eficiente do lítio ou será substituído por outro material.

O colapso recente nos preços do petróleo ilustra como a tecnologia pode ter um impacto drástico nos preços das *commodities*. Em 2008, o medo da produção do pico de petróleo estava em voga. Segundo a narrativa convencional, as reservas de petróleo diminuíam e a demanda por combustível fóssil aumentava. Naquele ano, o petróleo intermediário do oeste do Texas (que os Estados Unidos usam como referência do petróleo) atingiu uma alta recorde de 145,29 dólares por barril. Oito anos depois, em 11 de fevereiro de 2016, o preço do petróleo despencou para 27 dólares. Por todo o ano de 2016, o preço médio do petróleo flutuava em torno de 48 dólares. O que aconteceu com o pico da produção petrolífera? Tecnologia.

O uso de energia está ficando mais eficiente. Luzes de LED, aparelhos elétricos, fornalhas, automóveis e tudo o mais usam menos energia. Além disso, as fontes de energia alternativa estão se tornando cada vez mais disponíveis. As fontes renováveis, como solar, eólica e biomassa, agora respondem por 7% da geração de eletricidade americana. Os motores elétricos e a tecnologia da bateria estão se tornando substitutos mais acessíveis para motores a gasolina.

A mãe de toda inovação tecnológica relacionada à energia foi o fraturamento hidráulico (fraturamento) e a perfuração direcional (também conhecida como perfuração horizontal). O fraturamento é um processo em que o petróleo e o gás natural são liberados de formações de xisto. Fluidos de alta pressão são injetados no xisto subterrâneo, fraturando a rocha. As fissuras formadas permitem o livre escoamento do petróleo e do gás natural presos e assim eles

COMMODITIES

podem ser extraídos com facilidade. As reservas de petróleo que outrora eram consideradas irrecuperáveis economicamente agora têm uma produção lucrativa por menos de 30 dólares por barril.

A perfuração vertical tradicional consistia em uma broca "embotada", que não fazia muito mais do que perfurar até o fundo da terra. Na perfuração direcional, a ponta ganhou inteligência por um sistema robótico complexo que permite um movimento preciso. A perfuratriz pode ser manipulada da superfície da mesma forma que um cirurgião usa um endoscópio durante uma operação.

A perfuração direcional e o fraturamento na verdade são conceitos antigos. As tentativas de perfuração direcional começaram nos anos 1920 e o fraturamento é usado desde o fim da década de 1940. O recente *boom* do petróleo de xisto ocorreu porque esses antigos métodos foram dramaticamente aperfeiçoados com sistemas robóticos avançados que permitem uma perfuração precisa de poços horizontais. No velho método, perfurava-se um buraco por vez num futuro reservatório de petróleo. Se o poço não atingisse o fragmento de petróleo, ele era considerado "seco" e outro buraco tinha de ser perfurado.

Com as técnicas de perfuração direcional, os buracos podem ser perfurados a mais de uma milha (1,6 quilômetro) de profundidade e então estendidos na horizontal por mais quilômetros. A cabeça de poço não precisa ficar diretamente sobre o reservatório de petróleo. Um poço vertical principal pode ser perfurando e assim vários eixos horizontais podem ser estendidos para baixo para seguir o contorno do reservatório.

A perfuração direcional mudou o jogo econômico. Os métodos tradicionais de perfuração em águas profundas do oceano ou outros ambientes remotos e difíceis são caros e demorados. Um poço tradicional em águas profundas pode custar bilhões de dólares e demorar uma década para desenvolver. Os poços horizontais de petróleo de xisto podem ser perfurados a um baixo custo e estar operando em semanas.

O acesso aos depósitos de petróleo de xisto contribui com a duplicação da produção americana desde 2008, fazendo dos Estados Unidos um dos maiores produtores de petróleo, ao lado da Arábia Saudita e da Rússia. Novas descobertas de petróleo e melhorias nas técnicas de extração continuarão a fortalecer a capacidade americana. No fim de 2016, um reservatório antes desconhecido foi descoberto na Bacia Permiana do Texas. Estima-se que a formação de xisto conhecida como Wolfcamp contenha 75 bilhões de barris de petróleo, o que faria dela a segunda maior do mundo, atrás apenas do Campo Ghawar da Arábia Saudita.

A revolução do petróleo de xisto ocorreu por uma confluência de diversas tecnologias e a criação de uma abordagem totalmente nova, que não foi prevista pela elite econômica. As empresas que dominam a produção de petróleo de xisto não são as gigantes da exploração petrolífera, como a ExxonMobil ou a Chevron, mas pequenas firmas, como Pioneer, Devon e Anadarko.

As tecnologias responsáveis pela recuperação econômica do petróleo de xisto são semelhantes às tendências que discutimos neste livro. Sensores avançados e softwares de mapeamento ajudam a localizar anomalias geológicas que possam conter reservatórios de petróleo. Sistemas de computação em nuvem de grandes dados processam então as informações da exploração, ajudando os geólogos a localizar pontos potenciais. Os perfuradores na cabeça do poço usam essas informações para dirigir a ponta da perfuratriz no reservatório. Então, os fraturadores podem injetar fluidos de alta pressão no poço para liberar o petróleo do xisto.

Toda essa tecnologia culminou em uma força deflacionária competitiva que diminuiu o preço do petróleo em mais de 60%. Espero que a tendência continue, porque as técnicas de fraturamento e perfuração direcional também são usadas fora dos Estados Unidos.

Caminhão de Entulho sem Motorista

A Rio Tinto é uma das maiores produtoras de *commodities* do mundo, operando em minas dos seis continentes. Recentemente, ela começou a usar caminhões autoguiados para aumentar a produtividade em duas minas de minério de ferro, na Austrália. Os caminhões são completamente automatizados e controlados remotamente por empregados em um centro de operações a 1.200 quilômetros de distância.

COMMODITIES

Os caminhões não são pequenas picapes Toyota, mas máquinas gigantescas com quase nove metros de altura e capazes de transportar cargas de 320 toneladas. Há atualmente 71 caminhões na frota, operando 24 horas por dia, sete dias por semana e responsáveis por cerca de 20% da circulação de material.

A Rio Tinto estima que se esteja economizando pelo menos 500 horas por ano na comparação com o uso de motoristas humanos. Ao contrário dos seres humanos, os caminhões sem motoristas não se atrasam, não tiram férias, não precisam de intervalos para ir ao banheiro nem se entediam.

As economias projetadas têm muito mais peso do que apenas substituir os motoristas. Foram eliminados também o pessoal auxiliar: supervisores, treinadores e todos os empregados necessários para alimentar e cuidar dos motoristas nesses locais remotos. Acrescente a isso mais consistência, menores incidências de acidentes, menos consumo de combustível e assim por diante. As economias são substanciais o bastante para que a Rio Tinto planeje implementar operações não tripuladas em toda a sua rede de minas, incluindo trens e perfuratrizes.

O objetivo de longo prazo na Austrália é ter a maior parte das operações da cadeia de suprimentos, do poço da mina ao porto, administrada remotamente. Má notícia para os operadores de máquinas, mas boa notícia para os 400 homens que monitoram as operações no centro de controle em Perth; esses empregos que não são expostos às severas condições ambientais e a acidentes perigosos que ocorrem nas minas remotas.

O custo de outras *commodities* também pode permanecer reprimido. Os avanços tecnológicos que deixaram a exploração de petróleo mais econômica proporcionarão benefícios semelhantes à mineração de outros recursos. Além disso, os custos mais baixos de energia se traduzem, geralmente, em preços de *commodities* mais baixos. Isso porque o maior custo da extração e do refino de uma *commodity* é o da energia. O diesel é usado para acionar o grande equipamento que extrai e transporta as *commodities*. Carvão ou gás natural são usados para potencializar o processo de refino. Pelos

200 A CHEGADA DOS ROBÔS

mesmos motivos, os custos mais baixos com combustíveis fósseis terão um impacto semelhante em *commodities* agrícolas. Custos menores de energia são deflacionários por natureza e barateiam tudo.

O exemplo de como a tecnologia barateou a exploração de petróleo não é único. A tecnologia está sempre criando alternativas que favorecem um recurso em detrimento do outro. No século XIX, as pessoas iluminavam suas casas com velas feitas de sebo e óleo de baleia. Isso foi substituído por lampiões de querosene que, por sua vez, foram substituídos por lâmpadas incandescentes, que agora estão sendo substituídas pelo LED.

O que o futuro nos reserva? Talvez o pico do petróleo. Ou uma abundância de energia de fontes renováveis, ou quem sabe uma fusão nuclear limpa. Pode ser inventado um novo material que substitua *commodities* mais raras ou, talvez, descubramos uma forma de extrair minério de asteroides. Ninguém pode prever o futuro, mas, claramente, os preços da energia no presente tendem à deflação.

De um ponto de vista do investimento, eu pessoalmente evitaria grandes aplicações de longo prazo em *commodities*, particularmente em qualquer *commodity*. Se estivesse preocupado com a inflação, guardaria uma pequena parte de minha carteira de investimentos (de 5 a 10%) comprando um fundo que investisse em uma cesta de moedas.

Plano de Ação

1. Estou interessado em investir uma parte (até 10%) de minha carteira em *commodities* como salvaguarda contra a inflação e preservar o poder de compra:

   a. SIM: Vá para o nº 2.

   b. NÃO: Essa provavelmente é uma decisão prudente, principalmente se minha carteira de investimento não for maior do que 100 mil dólares.

2. Para começar, estudarei as seguintes ETFs para ver se elas atendem aos meus critérios para investir em *commodities* (listados em ordem alfabética pelo código de negociação de vários fornecedores de fundos):

a. DBA (agricultura)
b. DBB (metais de base industriais)
c. DBC (índice geral de *commodities*)
d. GLD (ouro)
e. SLV (prata)
f. USO (petróleo)
g. WOOD (madeira de construção e reflorestamento)

Capítulo 17

PROPRIEDADE DA EMPRESA (AÇÕES E ETFs)

Tanto no futuro quanto no passado, a melhor fonte de construção de patrimônio continuará sendo a propriedade de uma empresa em crescimento. Cem por cento de propriedade em sua própria firma é uma excelente linha de conduta, e é por isso que enfatizei o empreendedorismo neste livro. Entretanto, por uma questão de alocação de ativos, até mesmo os que construíram um grande patrimônio em sua própria companhia devem, ainda, ter uma parte de seu patrimônio líquido investido em ações ordinárias. Além disso, a propriedade de ações ordinárias pode ser a única opção para algumas pessoas, porque elas não querem ser empresárias ou ainda não começaram seu próprio negócio.

A propriedade de uma empresa proporciona a melhor fonte para construir patrimônio porque a remuneração vem além de apenas o esforço individual de uma pessoa. Em um capítulo anterior, descrevi como um empregado tem menos potencial para construir seu patrimônio, pois sua única fonte de renda era seu salário. Por sua vez, o empresário tem quatro fontes de remuneração:

- Seu próprio esforço.
- O esforço de seu funcionário.
- O aluguel de sua terra.
- O retorno do uso de seu capital.

A propriedade das ações de uma empresa proporciona recompensas semelhantes, mas sem ter qualquer responsabilidade administrativa ou profissional. A propriedade de ações faz do investidor um parceiro silencioso capaz de compartilhar as recompensas dos lucros crescentes de uma empresa. As palavras em vigor, aqui, são *crescente* e *lucros*. Nada mais importa realmente.

De todas as classes de ativos, creio que a propriedade de ações dará as melhores oportunidades de investimento futuro. Embora imóveis e *commodities* provavelmente acompanhem a inflação, as companhias que se posicionam para tirar vantagem da automação farão rios de dinheiro. Os robôs aumentam a produtividade e a produtividade aumenta os lucros. Simples assim.

O preço de uma ação deriva de suas receitas. O motivo de ter tanta flutuação no preço é que, apesar da sabedoria convencional, o mercado não é eficiente. Os ganhos futuros são sempre incertos; eles podem subir ou cair por causa de uma mudança nos métodos de operação, nas preferências volúveis do consumidor, nas condições climáticas ou apenas por pura sorte.

Estimativas de futuros ganhos levam os investidores a colocar um ágio ou um desconto na avaliação da ação. Se há uma perspectiva de alta nos lucros, os investidores apostarão na alta do preço; se há uma perspectiva de queda nos lucros, os investidores apostarão em queda dos preços. Basicamente, os preços das ações oscilam para cima ou para baixo do valor real da companhia com base no medo ou na ganância dos investidores.

O denominador comum da valorização dos preços das ações é a perspectiva de aumento nos lucros futuros. Sempre foi assim. Será a força que impulsiona os preços das ações futuramente. Na verdade, ela será ainda mais crucial no futuro robótico por causa da velocidade com que as novas tecnologias serão adotadas e dos prováveis fracassos de empresas estabelecidas, ao se tornarem vítimas da perturbadora inovação competitiva. O mercado de ações provavelmente será bastante volátil e oferecerá tanto a melhor quanto a pior oportunidade.

Lucros sem Pessoas

Assim como a informação é praticamente livre na era digital, o trabalho será quase completamente livre na era da automação. A mão de obra humana representa aproximadamente 60% do custo de fazer negócios de uma empresa. Com a substituição

PROPRIEDADE DA EMPRESA (AÇÕES E ETFs)

das pessoas pelas máquinas, os lucros de uma companhia aumentarão, enquanto os preços dos produtos diminuirão.

Esse fenômeno ocorre há pelo menos uma década. Nos últimos 15 anos, os lucros corporativos das S&P500 cresceram aproximadamente 10% ao ano, enquanto, ao mesmo tempo, a receita de vendas mal cresceu 1% anualmente. Embora um pouco dessa expansão de lucro possa ser atribuída a adulterações no balancete, grande parte é virtude de aumentos de produtividade, um eufemismo para a substituição da mão de obra humana pela automação. Os cínicos denominaram essa transição de "lucros sem pessoas".

Então, como pode um investidor em ações não só navegar pelos tempos turbulentos à sua frente, mas também lucrar com eles? Apresentarei a seguir alguns conceitos e estratégias para ajudar a aguçar sua sagacidade de investidor. Vários deles serão contraintuitivos ou irão contra a natureza da sabedoria convencional. Por experiência própria, pegar uma visão divergente costuma ser uma boa estratégia para impedir que fiquemos confiantes demais, principalmente quando vamos atrás de uma tendência popular.

Eu me referirei muito ao mercado de ações. Uso isso como uma expressão abrangente para significar fundos de índices comercializados como ações (ETFs). Como isso pode representar a propriedade individual de uma empresa, índices, setores específicos, títulos, assuntos estrangeiros, *commodities* e imóveis, o mercado de ações literalmente fornece um meio para possuir praticamente qualquer coisa. Sou um grande proponente do investimento via mercado de ações, porque ele proporciona um meio de diversificação de ativos até para a menor das carteiras de investimentos. Literalmente, nunca houve um melhor momento na história humana para ser um investidor.

MySpace

Em 2005, o magnata da mídia, Rupert Murdoch, estava convencido de que a mídia social decolaria. O multibilionário comprou o Myspace por 580 milhões de dólares. Muitos de vocês nunca ouviram falar do Myspace porque foi um fracasso abismal.

Apesar do fato de Murdoch ser um gênio dos negócios e da mídia e, sem dúvida, estar cercado pelas mentes financeiras mais brilhantes, ele apostou no cavalo errado.

Escolher vencedores não é fácil. Aprenda a desconsiderar seu viés de sobrevivência e diversifique suas posses para que seus ovos não fiquem todos em uma só cesta. A menos que você seja mais esperto do que Rupert Murdoch, com certeza escolherá alguns perdedores.

Ação ou ETF?

Há várias formas de investir em ações (ação ordinária). Existe a propriedade direta da ação de uma empresa, como comprar cotas da Apple (AAPL), ou a propriedade indireta por meio de fundos, como os fundos mútuos ou ETFs.

Os fundos mútuos foram revolucionários em sua época, mas, em minha opinião, eles logo serão relegados ao lixo da história. As ETFs estão tornando os fundos mútuos obsoletos, uma vez que são mais baratas e oferecem mais opções.

Os fundos mútuos são administrados por empresas de investimento que foram estruturadas sob as leis financeiras antiquadas de 1940. Sempre que um investidor individual compra ou resgata ações de um fundo mútuo, o fundo é solicitado a reequilibrar sua carteira de investimentos para refletir a mudança no valor líquido dos ativos. Reequilibrar pode resultar em muitas negociações ineficientes, o que aumenta os custos da transação do fundo, a manutenção de registros, a renda tributável e o consentimento regulatório. Todos esses custos devem ser repassados para os investidores individuais na forma de taxas ou reduções de ganhos.

Apesar das alternativas de baixo custo, como as ETFs, a dimensão histórica dos fundos mútuos os manteve profundamente entranhados nas companhias estabelecidas de serviços financeiros, daí seu uso quase monopolista em planos corporativos 401k. Só recomendo a propriedade de fundos mútuos a investidores que são obrigados a usá-los em virtude das limitações de programas de previdência restritivos, como a maioria dos planos 401k patrocinados pelo empregador.

As ETFs têm uma natureza semelhante àquela dos fundos mútuos, permitindo aos pequenos investidores individuais possuírem indiretamente ações de empresas, trustes ou fundos derivativos. A diferença subjacente está no mecanismo mais eficaz usado pelas ETFs para comprar ativos para investidores individuais.

Em vez de diversificar a aplicação do dinheiro do investidor e deixar o fundo responsável pelas compras de ativos individuais, as ETFs usam um sistema terceirizado sofisticado de "participantes autorizados". Cada participante autorizado concorre com outros tantos para preencher pedidos e equilibrar, assim, o valor líquido dos ativos do fundo. Esse ambiente de comércio competitivo estimula cada participante a aumentar ao máximo seu potencial de lucro, realizando negócios de forma economicamente eficiente. Como eles conseguem isso? Usando "robôs" equipados com algoritmos de computador de alta velocidade.

A ETF não apenas é beneficiada com o baixo custo geral da negociação, mas também passa a responsabilidade e a respectiva papelada aos participantes autorizados. A firma de ETF pode operar com custos eficientes e assim cobrar taxas menores para o investidor individual. Uma taxa de administração de ETF, por exemplo, é em geral 20 pontos-base (0,2%) mais barata do que um fundo mútuo comparável, o que representa uma economia de aproximadamente 70% para o consumidor.

Além dos custos mais baixos, a eficiência na negociação das ETFs resultou também em uma oferta extensa por setores de investimentos. ETFs que simulam grandes índices como a S&P500 ou setores de nicho, como café em grãos na bolsa de futuros, podem ser compradas. Mesmo se as ETFs não representarem uma vantagem no custo sobre os fundos mútuos, eu as usaria como meio de efetivamente diversificar minha carteira de investimentos.

Pormenores da ETF

A indústria de fundos mútuos tem uma história que remonta há mais de 75 anos. Sua posição atual como a escolha favorita da indústria financeira para planos de previdência 401k praticamente não é disputada. Nos Estados Unidos, há mais de 9 mil fundos mútuos administrando em torno de 15,5 trilhões de dólares. Mas seu prestígio está diminuindo. O dinheiro do investidor está passando dos fundos mútuos para as ETFs em uma escala cada vez maior. Tendências recentes mostram os fundos mútuos perdendo 17 bilhões de dólares por mês.

A briga entre as ETFs e a indústria estabelecida do fundo mútuo é um conto clássico de Davi contra Golias. Todas as grandes empresas de investimentos em fundos mútuos agora oferecem sua própria versão de ETFs. À medida que o modo ETF ganha mais fatia de mercado, espero que as estruturas corporativas se transformem em uma versão híbrida dos dois tipos de fundos.

Qual será o resultado final? Menos empregos humanos na indústria financeira e menos custos para os produtos de investimento.

Não importa se você escolher investir em ações individuais ou ETFs. Ambas estão listadas nos maiores mercados de ações e podem ser facilmente compradas por uma corretora de valores. Em geral, acho que as ETFs deveriam desempenhar um papel maior para aqueles com menos dinheiro para investir. Alguém com uma carteira de 5 mil dólares, por exemplo, deve colocar toda a quantia em uma ETF que siga a S&P500. Alguém com uma carteira de 100 mil dólares deve dividir o valor igualmente em quatro ETFs que sigam grandes ações de considerável capitalização, ações de pequena capitalização, ações internacionais e títulos. Um milionário pode tentar aumentar os lucros possuindo os mesmos quatro setores de ETF e complementar com pequenas posições em ações de "growth stocks" (de empresas que tiveram um crescimento acima da média).

A boa notícia sobre investir em ações individuais e ETFs é que elas não se limitam apenas a possuir ativos patrimoniais. Um investidor pode usar ações e ETFs para se diversificar em outras classes de ativos discutidos anteriormente: títulos, imóveis e *commodities*. Pode-se conseguir uma ação em metais preciosos, por exemplo, com a compra de ações de uma empresa de mineração de ouro, adquirindo uma variedade de ETFs que possuam ações de mineradoras ou

PROPRIEDADE DA EMPRESA (AÇÕES E ETFs)

o próprio metal. Pode-se investir em imóveis de uma forma parecida por intermédio de uma ETF de um truste de fundo de investimento imobiliário (FII) ou ter títulos por meio de um fundo de títulos ETF.

Pessoalmente, eu preferiria ter uma ação ou ETF do que investir diretamente no ativo subjacente, como ouro ou imóveis. Se tivesse ouro físico, teria de ter o cuidado de saber onde iria guardá-lo e como salvaguardá-lo, e se tivesse imóveis, me tornaria dono de terras. Possuindo uma ETF, consigo uma exposição ao investimento de qualquer uma dessas classes de ativos sem aborrecimentos ou estardalhaços.

Como Mitigar o Risco de uma Ação Específica

Usar ETFs de setor também é um método extremamente eficaz para mitigar o risco, principalmente em se tratando do investimento nas áreas mais especulativas do mercado, como a tecnologia. Em vez de colocar toda a sua alocação de ativos em apenas uma ação, como a Palo Alto Networks, CyberArk, FireEye ou Proofpoint, por que não fazer uma pequena aposta em todos elas comprando uma ETF que investe especificamente em todo o espaço da cibersegurança? Usar uma ETF específica de um setor é um de meus métodos favoritos para tirar vantagem de uma tendência.

HACK é o símbolo de uma ETF que investe apenas no setor de cibersegurança. Comprar esse fundo daria exposição a todas as principais empresas de cibersegurança do mundo. Então, em vez de limitar suas escolhas investindo em um ou dois superastros, como Palo Alto ou FireEye, possuir HACK representaria uma pequena fatia em cem diferentes empresas de cibersegurança.

Como mencionado anteriormente, as ETFs fornecem um meio de custo efetivo para diversificar com facilidade uma carteira de investimentos. No caso do HACK, ao comprar esse fundo, além da ampla exposição a cem ações de cibersegurança, também indica posições seguras das líderes do setor. Ele é gerenciado, então quando surge a liderança de uma nova empresa, o fundo reequilibra sua posição nas ações vencedoras.

As atuais dez melhores empresas acionistas do HACK representam 46% do investimento geral do fundo. A alocação da carteira entre esses dez fundos é dividida aproximadamente por igual, em

4,6% por companhia. A Palo Alto Networks, a Proofpoint e a Symantec estão representadas entre essas acionistas. Portanto, um investidor prudente buscando a propriedade no crescente setor da tecnologia poderia facilmente diversificar sua carteira investindo 10% do valor dela em HACK. Essa única compra proporcionaria uma exposição ampla a cem empresas de cibersegurança com uma posição um pouco concentrada na liderança do setor. Portanto, uma alocação de 10% da carteira ao HACK daria um risco de ação específico muito conservador de 0,46% para empresas superestrelas, como a Palo Alto Networks.

Usar ETFs para diversificar em setores específicos da indústria não elimina o risco da perda catastrófica, apenas o mitiga. Durante a bolha "ponto.com" de 2000 e a crise financeira de 2008, a ETF da Nasdaq 100 composite chamada QQQ perdeu 82% e 50%, respectivamente. Em termos nominais (não ajustados pela inflação), demorou 15 anos para a QQQ se recuperar da perda "ponto.com". As ETFs podem e perdem dinheiro, às vezes quantias significativas.

Há uma ETF específica por setor para quase todos os setores imagináveis do mercado. Novas ETFs sempre entram no mercado. Em 2013, foi lançada uma ETF que investe especialmente em companhias que trabalham com robótica e automação. Seu símbolo é ROBO, muito apropriadamente.

Como se pode imaginar, ROBO é um investimento de alto risco. Investidores com um horizonte de longo prazo provavelmente serão recompensados, mas, apesar de seu nome atrativo, seu desempenho não tem sido significativo. Desde a entrada no mercado, seu ganho geral tem sido de um pouco mais de 10%, em uma época em que um investimento muito "mais seguro" na S&P500 produziria um ganho de 25%. Investimentos de alto risco não são garantia de resultados acima da média. Aliás, os resultados abaixo da média são muito mais frequentes, e por isso insisto em prudência e diversificação dos investimentos.

Minha Ação Robô Favorita

Se eu tivesse de escolher apenas uma empresa de automação para investir em longo prazo, seria a suíça ABB. Seus motores,

PROPRIEDADE DA EMPRESA (AÇÕES E ETFs)

drives e controladores autônomos estão entre os melhores do mundo. Além disso, a companhia tem uma história consistente de lucros desde sua fundação em 1883. A ABB é basicamente a equivalente suíça à General Electric (GE). Ela tem raízes profundas nos melhores setores dos produtos industriais, na geração de energia e no transporte. Nos últimos 133 anos, ela sobreviveu a guerras mundiais, depressões e todo tipo de inovação tecnológica. Suspeito de que sobreviverá ao futuro robótico e terá sucesso.

No entanto, isso não quer dizer que a ABB seja livre de riscos ou que seu desempenho sempre será estável. Embora eu acredite que a ABB, assim como a americana GE, seja uma boa aposta para colher lucros no futuro robótico, companhias avançadas tecnologicamente não são necessariamente mais lucrativas do que suas colegas de baixa tecnologia. Como prova disso, desde 2007 a ABB e a GE registraram um desempenho inferior no mercado mais amplo da S&P500. De fato, nesse mesmo período, a avançada tecnologicamente ABB teve um desempenho inferior à Packaging Corporation of America (símbolo PKG) em bem mais de 200%.

Então, como pode um fabricante de produtos de baixa tecnologia, como caixas de papel, ter um desempenho superior ao de uma potência industrial como a ABB e até do mercado geral mais amplo? Tudo se resume a lucro.

A caixa de papel não mudou muito de formato nos últimos cem anos, mas seu processo de fabricação sim. Uma companhia discreta como a PKG (que monta caixas de papel com facas de recorte e de furação) pode não ter desenvolvido uma nova tecnologia inovadora, mas ela consome e implementa novas técnicas industriais. Como a tecnologia permite que coisas antigas sejam feitas com mais eficiência, a PKG pode continuar colhendo mais lucros de suas linhas de produtos, como caixas de papel.

Como o preço relativo da embalagem permanece moderado, essas antigas caixas achatadas podem encontrar novos usos,

Ganhadores Adicionais

como enviar tudo aquilo que você encomenda pela Amazon até a porta de sua casa.

Outra forma de mitigar o risco é investir em empresas que implementam a tecnologia, não naquelas que a criam. Não faço ideia de qual companhia fabricará o melhor robô daqui a dez anos. A empresa pode nem existir ainda. O que posso saber com certeza é que, independentemente de quem produza o melhor robô, empresas como a Procter & Gamble (P&G) usarão essa tecnologia para aumentar sua lucratividade. Mão de obra mais barata e técnicas de fabricação mais eficientes significarão que os itens de primeira necessidade fabricados pela P&G ficarão mais baratos. Alguns dos cortes de custos serão repassados para os consumidores, uma parte dos quais reforçará a lucratividade da P&G e outros irão para o desenvolvimento de novos produtos, como pasta de dentes e sabonetes melhores. De qualquer forma, a P&G e seus acionistas se beneficiarão.

Mitigar os riscos focando nos ganhadores subordinados à tecnologia também pode ser feito com o investimento em empresas que estão no topo da cadeia de suprimentos dos inovadores mais arriscados. Os carros autodirigidos provavelmente serão um produto de consumo no futuro. Isso significa que a Tesla será um investimento de longo prazo, melhor do que a Hyundai? Provavelmente não, porque um fabricante de baixo custo como a Hyundai adotará a tecnologia de direção autônoma e irá produzi-la em massa de um modo acessível em volume, assim como todas as outras características de seus carros.

Olhar além da indústria automobilística proporcionará algumas oportunidades de investimento interessantes. Comece com uma fabricante de partes de automóveis preferida do Tier I, como a Delphi, que fornece para muitas montadoras. A Delphi faz uma miscelânea de tecnologias automotivas, desde plataformas mecânicas até componentes eletrônicos. Recentemente, ela se juntou à Mobileye para lançar um sistema de direção autônomo que pode ser produzido em massa para se adaptar em uma variedade de plataformas de montadoras de carros, não apenas sofisticados e caros automóveis da Tesla. A Delphi é uma empresa lucrativa e pode servir como abordagem

PROPRIEDADE DA EMPRESA (AÇÕES E ETFs)   **213**

conservadora para um investidor procurando por pelo menos alguma exposição à tendência dos carros autodirigidos.

Para aqueles com uma tolerância ao alto risco, pense talvez na Mobileye. Ela é uma empresa israelense que faz o sensor com câmera que foi inicialmente usado pela Tesla. Se a parceria da Mobileye com a Dephi tiver sucesso, o sistema terá apelo de massa e renderá muito mais do que um negócio exclusivo com a Tesla. A Mobileye é lucrativa atualmente, mas tem uma avaliação bem alta e um grande risco específico aos sistemas de direção autônoma, por ser sua principal oferta. Talvez isso seja arriscado demais para você.

Procure mais na cadeia de suprimento de direção autônoma e você encontrará a Nvidia. Recentemente, a empresa também se aventurou na área de carros autodirigidos com um novo mecanismo que alega ser um minissupercomputador capaz de aprender rápido. Esse é exatamente o tipo de inteligência artificial (IA) necessário para carros autodirigidos para que eles consigam reagir rapidamente a condições variáveis. Por certo é menos arriscado apostar na Nvidia do que em uma empresa de atividade exclusiva como a Mobileye, porque mesmo se o novo mecanismo da Nvidia não funcionar para veículos autônomos, provavelmente ele tem outros usos em IA. Além disso, a Nvidia é lucrativa e tem diversas unidades de processamento gráfico comercializadas para usos em computadores e vídeo games.

Talvez a Nvidia ainda seja arriscada demais e você prefira a exposição à área de veículos autônomos com uma empresa de tecnologia maior e mais estável. Considere então a Intel, uma das fabricantes de semicondutores originais do Vale do Silício. Como a Intel é uma empresa bem grande com uma capitalização de mercado de 160 bilhões de dólares, ela não teria o mesmo potencial de crescimento que a Nvidia ou a Mobileye. Entretanto, por esse mesmo motivo, a Intel é estável e provavelmente lucrará com todas as futuras tendências em automação. Ela tem também uma avaliação extremamente moderada se comparada com outras empresas de tecnologia.

Eu o conduzi pelo exercício anterior não como uma recomendação específica sobre quais ações comprar na área da direção autônoma, mas como uma ilustração do processo. Ter a habilidade de procurar por toda a cadeia de suprimentos por oportunidades subordinadas é algo valioso. O mesmo processo servirá para qualquer setor do mercado de ações, não apenas a tecnologia. Ajudará se você passar um pente fino por todo o barulho das ações alardeadas pela mídia e evitar as "dicas quentes". Eu mesmo gosto de usar esse método porque pode ser adaptado para qualquer nível de risco desejado.

Última Palavra sobre Ações

Quero fechar este capítulo reiterando a importância da propriedade de uma empresa, seja por um pequeno negócio pessoal ou o mercado de ações. Por toda a história, o melhor método de criação de patrimônio sempre foi por meio da propriedade de uma empresa em crescimento. Essa é uma tendência que continuará no futuro robótico.

Se você tem aptidão para o empreendedorismo, então abra seu próprio negócio. O empreendedorismo proporciona um caminho duplo para o patrimônio e a felicidade. A próxima melhor alternativa que conheço é a propriedade via ações ordinárias. O mercado de ações fornece o meio de compartilhar o sucesso das melhores companhias do mundo, comparativamente com pouco risco e esforço. Se não é à prova de falhas, pelo menos é possível.

Nunca houve um melhor momento para ser um investidor individual. A humanidade está prestes a entrar em um período de mudanças épicas promovidas pela perturbação criativa da automação. As corporações que conseguirem navegar com sucesso por essas águas desconhecidas serão recompensadas com uma concentração de patrimônio sem precedentes. A recompensa será compartilhada com aqueles indivíduos intrépidos que estiverem dispostos a investir. Eu o encorajo a, pelo menos, considerar a possibilidade.

Plano de Ação

1. Tenho pelo menos 50 mil dólares para investir (de todas as fontes: poupança ou planos de previdência, como 401k, IRA – Individual Retirement Acount ou Conta de Aposentadoria Individual, em português –, etc.):

   a. SIM. Vá para o nº 2.

PROPRIEDADE DA EMPRESA (AÇÕES E ETFs) 215

b. NÃO. Provavelmente não tenho capital o suficiente para fazer o investimento valer o esforço e, em vez disso, devo focar meus esforços em ganhar e poupar mais dinheiro.

Nota: Essa é uma decisão extremamente pessoal, mas considere a pessoa que tem apenas 10 mil dólares para investir. Se ele conseguisse um retorno de 10%, isso daria um lucro de mil dólares. Seria melhor gastar seu tempo e esforço em outras atividades produtoras de renda, como aumentar suas habilidades, fazer serão ou procurar um emprego que pague melhor.

2. Antes de investir meu dinheiro suado, vou reler este capítulo e prestar uma atenção especial à história sobre o parco investimento de Rupert Murdoch no Myspace. Começarei a investir quando eu entender bem as consequências de minhas decisões.

Conclusão

A CHEGADA DOS ROBÔS

Os robôs estão chegando, você está preparado? Para quem não estiver, a infelicidade o aguarda. Não podemos ter certeza de quando o duro impacto será sentido ou se a dor virá de repente ou como uma lenta queimação. O que sabemos é que uma mudança sem precedentes está a caminho. De fato, os primeiros sinais de aviso aparecem há várias décadas. O crescimento global estagnou e provavelmente diminuirá ainda mais. À medida que o trabalho se torna quase gratuito, o futuro do trabalhador comum será obscuro.

Os robôs vêm pegar os empregos dos trabalhadores humanos que desempenham tarefas rotineiras. Não só o operário da linha de montagem ou o funcionário da lanchonete, mas principalmente o convencido profissional administrativo ou todos aqueles cuja função principal puder ser reduzida a um algoritmo matemático. Os profissionais bem remunerados não serão poupados; em vez disso, suas rendas de confiscação darão ao mercado um catalisador para substituí-los pela automação.

Os robôs chegam para capacitar as pessoas, principalmente aquelas com alguma deficiência. Embora muitos sejam despedidos ou forçados a se aposentar cedo, outros serão capacitados. A diferença entre os vencedores e os perdedores será o empenho *versus* o medo. Os vencedores adotarão a automação e usarão sua tecnologia capacitiva para superar seus pontos fracos e melhorar seus pontos fortes. Os perdedores temerão os robôs e afastarão a tecnologia.

Vencedores e perdedores sabem o mesmo sobre a automação: as pessoas não podem ter um desempenho superior ao dos robôs em tarefas rotineiras. Os robôs são mais rápidos, baratos e mais produtivos

218

A CHEGADA DOS ROBÔS

do que os seres humanos. A energia física deles nos ultrapassou há algum tempo. Agora, o intelecto robótico está aguçado. A automação auxiliada por supercomputadores em miniatura baratos terão uma memória quase infinita. A inteligência artificial de um robô razoável logo ultrapassará as habilidades cognitivas do ser humano mediano.

O otimismo está entre os quatro princípios do pensamento descritos neste livro. Eles o ajudarão a orientá-lo pelos tempos turbulentos na economia que serão trazidos pela automação onipresente. O poder para reinar supremo sobre os robôs está dentro de cada um de nós. A batalha não será vencida com uma competição física, mas com a forma como pensamos.

Pense como um humano, não como uma máquina. Seu valor econômico deriva da habilidade de criar, não de desempenhar tarefas repetitivas. Desenvolva as habilidades de toque humano que são únicas de seus talentos e habilidades pessoais. Sua ênfase deve estar na criação.

Pense como um empresário, não como um funcionário. O desemprego provavelmente atingirá níveis epidêmicos quando as pessoas forem substituídas por máquinas mais eficientes. Os empregos podem ser poucos, mas haverá uma fartura de oportunidades para aqueles que aprenderam a monetizar seu toque humano.

Pense como um poupador, não como um consumista. A ênfase da automação está na produção mais eficiente, criando um ambiente deflacionário no qual os preços caem. As forças deflacionárias favorecem os poupadores que tiverem a disciplina de adiar a gratificação. Consumidores compram para satisfazer uma emoção, poupadores identificam valor e compram ativos rentáveis.

Pense como um investidor, não como um especulador. A destruição criativa da tecnologia tornará obsoletas muitas indústrias estabelecidas, criando oportunidades de investimento incríveis. Filtrar as bolhas alardeadas pelo barulho da mídia será uma habilidade imprescindível para salvaguardar o capital. O investidor prudente encontrará caminhos amplos para aumentar seu patrimônio.

Então, como você sobe na vida? Está pronto para lutar contra os robôs? Se não, não se desespere. Você está na frente no jogo e ainda tem tempo para se preparar. Volte e releia os capítulos do livro sobre as habilidades que faltam para você. Preocupe-se menos com o que

A CHEGADA DOS ROBÔS

não consegue fazer e foque em suas habilidades de toque humano inatas. A tecnologia estará disponível para que você possa desviar das coisas nas quais não for bom. Concentre seus esforços em melhorar seus talentos exclusivos com os quais você consegue criar.

Depois de olhar para dentro de si para desenvolver seus pontos fortes, olhe para os outros e para a economia. Deixe o mercado lhe dizer o que é necessário. Reveja as seções no livro onde você preencheu os planos de ação. Esse é um processo reiterado, então não hesite em fazer mudanças e reconsiderações. Seu curso naturalmente mudará quando novas informações vierem à tona ou quando sua autodescoberta revelar novos talentos.

Comece por onde você está e pelo que tem. Identifique seu toque humano exclusivo e seus atributos de caráter pessoais. Busque um ou mais atributos principais em sua área de interesse. Ao se tornar mais proficiente nessa área, sua confiança aumentará e você conseguirá desenvolver mais atributos secundários. Sua vida ficará equilibrada e provavelmente você fornecerá ao mercado produtos e serviços criativos muito procurados.

Não há um exclusivo caminho ou rota direta para o sucesso. O futuro é sempre incerto e os avanços tecnológicos da automação estão perturbando as coisas em uma velocidade sem precedentes. O futuro nunca foi tão sombrio.

Enquanto você entra em sua jornada pela desconhecida economia robótica, lembre-se da Expedição de Lewis e Clark em 1804. Eles se prepararam desenvolvendo habilidades que seriam úteis para a jornada. À medida que seguiram em frente e encontraram condições instáveis, eles improvisaram e se adaptaram. Você se dará bem seguindo o exemplo deles.

Nossa vantagem moderna sobre o Corpo de Descoberta é que nós não precisamos fazer a expedição sozinhos. Enquanto prossegue em sua jornada, eu o encorajo a me acompanhar em meu site de podcast: <www.wealthsteading.com>.

O podcast é um fórum no qual discuto as condições atuais do mercado e passo informações sobre os princípios gerais da construção de patrimônio, tópicos intercalados com a inevitável economia robótica do futuro. Então, por favor, reúna-se comigo para ter atualizações e me informar como estamos progredindo.

Apesar das adversidades previstas por muitos prognosticadores, continuo otimista quanto ao futuro, especialmente para quem estiver preparado. Temos sorte de viver em uma época incrível. Ser proativo e mudar a forma como você pensa serão a chave para sua prosperidade futura.

Ao encontrar dificuldades, não se desespere. Seus esforços serão recompensados e espero que, assim como Lewis e Clark, nós todos tenhamos sorte e reconheçamos nossa Sacagawea. Então se anime... os robôs estão chegando para deixá-lo rico!

ÍNDICE REMISSIVO

Símbolos
3D Systems 186, 187
23andMe 143

A
Apple 32, 76, 82, 105, 120, 178, 190, 206
Ásia 45, 46, 137, 145

B
Bell, Alexander Graham 57
Bitcoin 83, 84, 123

C
Cães 22
Campo dos Sonhos, citação 106
Capital, como fato de citação 123, 124, 128
Carros autodirigidos 125
Cartilha Econômica, reequilibrar 10, 123
Chilton Repair Manuals 62
Cinturão da Ferrugem 37, 39, 42, 50, 51, 178
Cisco 189, 190
Cobre, como commodity 194
Commodities; plano de ação; e ETFs 10, 161, 193, 196
Competência, como traço 25
Conteúdo, original 116, 138
Coragem, como traço 27
Corpo de Descoberta 14, 219

D
Dados, base especializada de 93, 177
Dakota do Norte 46, 170
da Vinci, Leonardo 90, 114
Deep Blue 20
Deflação 194
DeGeneres, Ellen 121
Delphi 212
Didi Chuxing 76
Disney, Walt 136
Dra. Jill 126
DreamWorks 136
Dudley, Amos 71

E
Einstein, Albert; citação 30, 67, 114
Empreendedorismo 9, 97, 125
Empréstimos, obtenção 178
ETFs (fundos de títulos negociados em bolsa) 10, 161, 200, 203, 205, 206, 207, 208, 209, 210

F
Facebook; e toque humano; estatísticas 48, 94, 106, 126, 142, 160, 161, 178
Feetz 40
Financiamento 104

Covey, Stephen, citação 56, 58, 106
Credenciais, educacionais 66
CyberArk 209

FireEye 189, 209
Ford, Henry 19, 31, 32, 34, 82

G
Gettysburg, discurso 90
Google Glass 62
Google Veja também Alphabet 62, 66, 69, 71, 77, 120, 128, 158, 178, 185, 187
GPS, tecnologia 60, 61, 82
Grande Depressão 43, 118
Grant, Ulysses S. 31
Greenspan, Alan 84

H
HACK (ETF) 209, 210
Handyman Jack 126, 127, 128, 139, 140, 142
Harley-Davidson 84
Hugo, Victor, citação 148

I
IBM 20, 32, 82, 189, 190
Imóveis; plano de ação; e ETFs; valores; redução 161, 163, 164, 172
Impostos, declaração, estratégias 106
Inflação 193, 194
Instrumentos de dívida 161
Intel 213
Inteligência, definida 85
Investimentos 210

J
Japão; e tendências econômica 37, 41, 43, 44, 47, 50, 51, 144, 166, 168, 171
Jetsons, desenho 76
Jobs, Steve 32, 34, 57, 67, 82

K
Keller, Helen 56, 57, 58, 61

L
Lee, Robert E. 31
Lei de Say 33

LexisNexis 158
Lógica, limites da 114

M
Mayo, William W. 148
Mead Corporation 158
Mobileye 212, 213
Monalisa 90
Murdoch, Rupert 205, 206, 215
Musk, Elon 23, 28, 169
Myspace 205, 215

N
Nasdaq 185, 210
New Balance 40
Nike 40, 137
Nikkei (mercado de ações japonês) 43, 44
Nvidia 213

O
Oferta e demanda 123
Opep 67, 68, 170
Operários, futuro 37, 139

P
Packaging Corporation of America (PKG) 211
Parceria Transpacífico (TPP) 40
Petróleo 67
Pittsburgh 37, 50, 51
Poupadores versus Consumidores 155
Presley, Elvis 115
Procter & Gamble 212
Produção, quatro fatores 123
Produto Interno Bruto (PIB) 41, 159
Proofpoint 189, 209, 210
Propriedade, como fonte de renda 154, 161, 203
Propriedade de empresa (ações); plano de ação; 161
Pugliano, Ezra 89

ÍNDICE REMISSIVO

223

Q
QQQ (ETF) 210
Quociente de inteligência (QI) 85

R
Radioamadores 22
Renda Mínima Garantida (RMG) 47
Reserva Federal 83, 123, 177, 178, 195
Rio Tinto (mineradora) 198, 199
ROBO (ETF) 210
Robôs: definidos; na Medicina; como
ferramenta; virtual 11, 39, 82,
102, 143, 145, 166, 217

S
Sabedoria 75, 85, 92
Sacagawea 15, 220
Seasteading 169
Sedasys (sistema de sedação automáti-
ca) 146, 147
Simbolismo 90
Sistema Cirúrgico da Vinci 116
Skype 63, 126, 127
Smartphones; adaptadores e diagnósti-
co da saúde; estatísticas 82
Snowden, Edward 66
Spielberg, Steven 65, 136
Spock (Jornada nas Estrelas) 92, 131
Spread (fazenda japonesa operada por
robôs) 166
Stratasys (empresa de impressora 3D)
186
Sullivan, Anne 57
Sultões do Silício 50, 51
Symantec 189, 210

T
Terra, como fator de produção 55, 124,
129, 167
Tesla 23, 212, 213
The New York Times 45, 160
Thiel, Peter 169
Trabalho 42, 125, 129
Trump, Donald 39, 173, 179

U
Uber 26, 51, 76, 77, 147, 184

V
Visão, como habilidade; problemas
visuais 27

W
Walmart 108, 109
Walton, Sam 108
Watson (supercomputador) 190
WestRock 158
Wolfcamp (formação de petróleo de
xisto) 198
Wozniak, Steve 32

Z
Zuckerberg, Mark 48, 94, 161

Para mais informações sobre a Madras Editora,
sua história no mercado editorial
e seu catálogo de títulos publicados:

Entre e cadastre-se no site:

 **www.madras.com.br**

Para mensagens, parcerias, sugestões e dúvidas, mande-nos um e-mail:

 **marketing@madras.com.br**

SAIBA MAIS

Saiba mais sobre nossos lançamentos,
autores e eventos seguindo-nos no facebook e twitter:

 **@madrased**

 **/madraseditora**